꽃과 역사, 이야기꽃을 피우다

꽃과 역사, 이야기꽃을 피우다

황인희 글 | 윤상구 사진

YANG MOON

내가 그의 이름을 불러주기 전에는

그는 다만

하나의 몸짓에 지나지 않았다

내가 그의 이름을 불러주었을 때,

그는 나에게로 와서

꽃이 되었다

– 김춘수 시인의 시 '꽃' 중 일부

긴 겨울이 지나고 삭막하던 대기에 따뜻한 바람이 일기 시작하면 주변에 꽃들이 앞다투어 피어나기 시작한다. 마치 번호표를 받고 기다리다 등장하는 듯이 몇몇 종이 한껏 꽃을 피우고 스러지면 또 다른 종들이 꽃을 피운다. 꽃들의 등장은 가을이 기울어 찬 바람이 불어올 때까지 줄지어 계속된다.

많은 사람이 꽃이 피는 것을 그냥 자연의 한 현상으로 여기고 무관심하게 지나친다. 그런데 관심을 두지 않으면 꽃은 그저 '꽃'일 뿐이고 세상의 배경으로 묻힐 뿐이다. 하지만 앞에 소개한 김춘수 시인의 시처럼 그 꽃에 관심을 가지고 다가가 아름다움에 취하고 향기를 칭찬하면 그 꽃은 우리 삶에 빛나는 기쁨을 선사한다. 무의미가 진정한 '꽃'으로 우리에게 다가오기 때문이다.

아주 오랜 옛날부터 인류는 기쁠 때나 슬플 때나 꽃과 함께 해왔다. 동서고금을 막론하고 꽃은 축복과 애도, 감사와 사랑의 표현으로 쓰였고 부유함과 호화로움을 상징했다. 이처럼 꽃은 긴 세월 인류 곁을 지켜온 소중한 존재였으니 꽃 이야기를 따라가 보면 그와 연관된 인간의 발자취도 무수히 많이 발견할 수 있을 것이다.

꽃과 관련된, 꽃으로 연상되는 인간의 발자취, 즉 역사 이야기를 이 책에 담고자 한다. 여기 실린 꽃에 관련된 이야기들을 읽고 나면 그 꽃은 그저 '흔해 빠진' 혹은 '지천에 널린' 꽃이 아니라 독자 여러분에게 깊은 감동을 주는 의미 있는 꽃이 될 것이다.

이 책에서는 주변에서 쉽게 만날 수 있는, 잘 알려진 꽃을 주로 다뤘다. 글과 함께 아름다운 꽃의 모습을 감상할 수 있도록 다양한 사진도 수록하였다. 특히 각 장 앞부분에 있는 QR코드에 접속하면 이 책에 실린 것보다 더 많은 꽃 사진과 꽃이 피어나는 모습을 타임랩스로 촬영하여 만든 개화 동영상 등도 볼 수 있다. 계절의 흐름에 따라 주변에서 흔히 만나는 꽃들이 그와 관련된 역사 이야기, 인물 이야기, 아름다운 이미지와 함께 독자 여러분에게 더욱 새로운 의미로 다가서기를 기대한다.

여러 해 동안 이 책을 함께 준비하며 촬영, 편집 작업에 노고를 아끼지 않은 윤상구 사진작가와 어려운 상황 속에서도 기꺼이 이 책의 출판을 허락해준 ㈜양문의 김현중 대표께 무한한 감사의 인사를 전한다.

2026년 3월
황인희

차례

트로이 전쟁 중에 피어난 히아신스

역경을 이기고 희망을 일깨우는 꽃

히아신스는 대부분 하나의 꽃대에 작은 꽃들이 덩어리지어 핀다. 꽃이 한창 싱싱할 때 꽃대는, 꽃송이들의 무게를 어떻게 감당할까 신기할 정도로 꼿꼿함을 유지한다. 하지만 꽃이 시들기 시작하면 꽃대는 힘을 잃고, 시든 꽃송이들 무게 때문에 이내 고개를 숙이고 만다. 마치 한때 전성기를 누렸지만 그 번영을 유지하지 못하고 힘을 잃은 왕의 모습이 연상된다. '왕관을 쓰려면 그 무게를 견디라'라는 말도 떠오른다. 그래도 히아신스는 역경을 잘 이기는 식물이다. 알뿌리로 겨울을 견뎌내고 이른 봄에 소담한 꽃을 피우니 말이다.

'오디세이아'에 등장하는 히아신스

히아신스는 트로이 전쟁을 그린 호메로스의 서사시 '오디세이아'에도 등장한다. 잘 알려진 바와 같이 트로이 전쟁의 가장 큰 원인은 트로이 왕자 파리스의 철없고 무모한 사랑 놀음이었다. 스파르타에

간 파리스 왕자와 스파르타 메넬라우스 왕의 부인 헬레네는 서로 첫눈에 반했다. 두 사람 다 배우자가 있었지만 아랑곳하지 않고 그들은 함께 트로이로 가버렸다. 화도 났지만 무엇보다 자존심이 크게 상한 메넬라우스는 형 아가멤논을 찾아갔다. 그리고 헬레네를 되찾기 위하여 트로이를 공격하자고 부탁했다. 전쟁을 통해 도시국가들의 단결을 꾀하고 그리스 전체를 통합하여 제국을 건설하려는 야망을 가진 미케네 왕 아가멤논은 동생의 제안을 받아들여 대대적인 정벌에 나섰다. 이것이 10년이나 계속된 트로이 전쟁의 시작이다.

일은 파리스가 저질렀지만 그 수습을 위해 수많은 장수와 군사가 목숨을 잃었다. 그 안타까운 희생 중에는 파리스의 형 헥토르 왕자의 죽음도 포함되어 있다. 헥토르는 그리스의 영웅 아킬레우스의 친구인 파트로클로스를 창으로 찔러 죽였다. 파트로클로스는 아킬레우스의 갑옷을 입고 그의 분신처럼 용감히 싸우던 중이었다.

헥토르는 파트로클로스의 시신에서 아킬레우스의 갑옷을 벗겨서 자신이 입었다. 헥토르는 스스로 트로이의 아킬레우스가 되어 나라를 구한 영웅이 될 참이었다. 그러나 헥토르는 친구를 잃은 아킬레우스의 분노에 희생되고 말았다. 아킬레우스는 헥토르의 시체를 전차에 매달고 열흘 넘게 트로이 성 주위로 끌고 다녔다.

헥토르의 아버지인 트로이 왕 프리아모스는 슬픔을 간신히 추스르고 아킬레우스의 막사로 찾아갔다. 왕은 무릎을 꿇고 아킬레우스의 손에 입 맞추며 장례를 치를 수 있도록 아들의 시신을 돌려달라고 간청했다. 프리아모스 왕의 진심에 감동한 아킬레우스는 헥토르의 시신을 내주고 장례 기간 휴전할 것을 약속했다.

목마에 속아 폐허가 된 트로이

그러나 복수의 고리는 끊기지 않았다. 헥토르의 여동생 플릭세네 공주는 오빠의 원수를 갚기 위해 아킬레우스에게 접근했다. 플릭세네 공주와 사랑에 빠진 아킬레우스는 전쟁을 끝내기 위해 노력하겠다고 약속했다. 하지만 플릭세네는 아킬레우스의 약점을 알아내 파리스에게 알려주었고 결국 파리스가 아킬레우스의 약점을 활로 공략하여 그를 죽이고 만다. 아킬레우스가 죽자 트로이의 사기는 하늘을 찔렀고 전세는 트로이 쪽으로 기우는 듯했다. 이때 등장한 것이 그 유명한 트로이 목마이다.

어느 날 그리스군은 모두 사라지고 트로이 성 앞에는 그들이 두고 간 거대한 목마만이 남아 있었다. 트로이의 예언가 라오콘은 목마를 성 안으로 들이는 것을 강력하게 반대했다. 하지만 목마 작전을 기획한 오디세우스는 반대를 무마할 첩자까지 준비해두었다. 첩자 시논은, 목마는 후퇴하는 그리스군이 무사 귀환을 빌며 아테네 여신에게 바치는 제물이니 목마를 트로이 성으로 가져오면 트로이 성의 수호물이 될 것이라고 주장했다. 트로이 사람들은 첩자 시논의 말을 받아들여 목마를 성 안으로 가지고 들어왔다. 그리고 승리의 파티를 열었다.

트로이 사람들이 승리에 취해, 술에 취해 곯아떨어진 새벽, 목마가 열리고 안에 숨어 있던 그리스군이 나와 성문을 활짝 열었다. 밖에서 기다리던 그리스 군대는 트로이 성 안으로 밀려들어왔고 트로이는 기어이 최후를 맞이했다. 프리아모스 왕과 그의 셋째 아들은 아킬레우스의 아들에게 죽임을 당했고 아킬레우스가 사랑했던 플릭세네 공주는 산 채로 아킬레우스 무덤에 제물로 바쳐졌다. 트로이는 폐허가 되고 그 역사는 신화로만 남게 되었다.

오랜 세월 신화 속에 모습을 숨기고 있던 트로이 전쟁은 기원전 12세기 중반에 실제 일어났던 역사적 사건으로 밝혀졌다. 독일인 슐레이만에 의해 유적도 발굴되었지만 세세한 사연에 대해서는 신화와 문학 작품과 실제 사건의 경계를 구분하기 어렵다. 히아신스 이야기도 그 세 가지의 경계 어느 부분에 자리하고 있다.

아이아스의 피에서 피어난 히아신스

히아신스를 만나기 위해 다시 아킬레우스의 죽음으로 돌아가보자. 아킬레우스를 따르던 장수 아이아스는 아킬레우스의 시신을 안고 트로이의 공격으로부터 지켜냈다. 그리고 오디세우스와 함께 그리스군 본진으로 시신을 옮겼는데 아킬레우스의 갑옷이 또 문제가

되었다. 그 갑옷은 불과 대장간의 신 헤파이토스가 만든 세상에 하나밖에 없는 물건이었다. 아이아스와 오디세우스가 이 갑옷을 놓고 서로 다투자 아가멤논은 갑옷을 오디세우스에게 주라고 결정했다. 아이아스는 아킬레우스의 시신을 안고 있었을 뿐 운구는 오디세우스가 했기 때문이라는 이유였다.

아이아스는 자신이 선택되지 못한 것에 크게 좌절했다. 그는 술주정을 부리고 양떼를 오디세우스의 군대로 착각하여 폭력을 휘두르기도 했다. 이후 자신의 행위를 후회한 아이아스는 스스로 목숨을 끊었고 그가 흘린 피로부터 '히아신스'가 피어났다고 한다. 히아신스와 상관없이 아이아스가 죽음에 이른 이유는 참으로 어처구니없다. 수많은 영웅이 등장했지만 애당초 트로이 전쟁도 아이아스의 죽음만큼이나 어처구니없는 일이었다.

이야기 속에서 어떤 사람이 죽으면 그를 따르던 짐승은 대개 주인을 따라 죽는다. 그런데 꽃은 그와 다르다. 꽃 이야기는, 누군가

가 죽은 자리에, 그가 흘린 피에서, 그의 무덤 옆에서 꽃이 새롭게 피어난다는 것으로 마무리된다. 마치 어떤 일이 일어나도 시계 바늘은 돌아가고 역사는 끊이지 않는다는 진리를 말해주는 듯하다. 그래서일까? 어처구니없는 상황 가운데 피어났지만 그래도 히아신스는 희망을 일깨워준다. 더구나 참혹한 전쟁 중에 피어난 꽃 아닌가. 역시 꽃은 희망의 다른 말임에 분명하다.

1848년, 혁명의 시대를 연상케 하는 동백꽃

실화를 바탕으로 쓰인 소설『춘희』

엘레지의 여왕 이미자의 노래 '동백 아가씨' 때문일까? 동백꽃은 '아가씨'라는 말과 잘 어울린다. 베르디의 오페라『라 트라비아타』의 원작으로 유명한 소설『춘희(椿姫)』도 한자를 그대로 풀면 '동백 아가씨'이다. '동백꽃을 들고 있는 여인(La Dame aux Camélias)'이라는 원래 제목을 충실히 살린 번역이다. 굳이 계속 '아가씨'에 비유하자면 동백꽃은 도발적이고 자기 주장이 강한 아가씨를 상징하는 듯하다. 추위 속에서 도도하게 피는 것은 물론 꽃이 질 때, 꽃잎을 한 장씩 떨구는 것이 아니라 송이째 떨어져버리는 동백꽃의 특징은 그런 느낌을 더욱 강하게 던진다.

소설『춘희』는 마리 뒤플레시의 이야기

『춘희』의 주인공 마르그리트도 개성과 자존감이 강한 여성이다. 그녀는 새로운 연극 공연 날 어김없이 극장에 나타났는데 자신의 전용 관람석에 반드시 동백꽃 꽃다발을 놓도록 했다. 한 달 중 25일은 흰 동백꽃을, 나머지 닷새는 빨간 동백꽃으로 치장했다. 사랑하는 남자가 있었지만 그의 가문으로부터 거부당하자 자기가 먼저 남자를 떠나버리는 과단성도 보인다. 오로지 동백꽃만을 사랑했던 그녀의 무덤도 늘 하얀 동백꽃으로 덮여 있었다. 소설 『춘희』 전체가 동백꽃으로 장식된 듯하다.

프랑스 소설가 알렉상드르 뒤마 피스가 1848년에 발표한 『춘희』는 마리 뒤플레시라는 실제 여성을 모델로 창작되었다. 고급 화류계 여성 뒤플레시가 마지막으로 사람들 앞에 나타난 것은 1847년 1월 말, 팔레 루아얄 극장에서였다. 그날 그녀는 창백한 얼굴로, 하얀 동백꽃으로 만든 커다란 꽃다발을 품에 안고 있었다. 그리고 며칠 후인 2월 3일, 그녀는 스물세 살 나이로 세상을 떠났다. 그녀가 겪은 불행과 죽음에 대해 알게 된 뒤마 피스는 그 이야기를 소설 『춘희』로 써냈다.

실화를 바탕으로 한 소설이어서였을까? 『춘희』에는 특이하게도 시간적 배경이 연도, 날짜까지 정확하게 명시되어 있다. 이를테면 마르그리트의 유품 경매가 열리는 날은 '1847년 3월 12일'이라는 식으로 말이다. 뒤마 피스는 1847년 초에 겪은 일을 바탕으로 소설을 써서 이듬해에 발표한 것이다.

1848년, 2월 혁명으로 들끓던 프랑스

뒤마 피스가 이런 애절한 사랑 이야기를 집필하던 무렵, 프랑스에서는 역사상 손꼽히게 큰 사건인 2월 혁명이 일어나고 있었다. 1789년 대혁명으로 프랑스의 전근대는 막을 내리고 왕까지 죽이면

서 공화국(제1공화국)을 세웠지만 모든 사람을 만족시킬 수는 없었다. 이후 프랑스는 전쟁을 겪고 나폴레옹 시대를 거치며 황제의 나라까지 되었다. 하지만 나폴레옹 몰락 후, 대혁명으로 쫓겨났던 부르봉 왕가가 돌아와 국민의 권리를 제한하고 자유를 억압했다.

이미 대혁명을 치르고 자유의 공기를 호흡한 경험이 있는 프랑스 국민이 전제 왕권 시대로 돌아가는 것을 용납할 리 없었다. 1830년 7월 혁명으로 국왕 샤를 10세가 퇴위하고, 오를레앙공 루이 필리프가 의회에 의해 입헌군주가 되었다. 그러나 루이 필리프 정부와 노동자들의 이익은 일치하지 않았다. 정부를 비판하는 대규모 집회가 열렸고 정부는 무력으로 이들을 해산시켰다.

그러자 학생들과 노동자들은 1848년 2월 파리 시내에 바리케이드를 치고 정부와 '대치 상황'에 돌입했다. 정부는 이들을 진압하기 위해 군대를 동원했는데 오발 사고로 순식간에 대규모 무력 충돌이 일어나고 말았다. 이 사태로 민간인 50여 명이 죽거나 다쳤고 상황

은 걷잡을 수 없이 심각하게 번져갔다. 이것이 바로 1848년 2월 혁명이다.

자유와 인권 쟁취에 힘썼던 1848년의 시대정신

얼마 후 심각한 사태는 진정되었지만 크고 작은 소요는 계속되었다. 결국 루이 필리프가 폐위됨으로써 왕정이 폐지되고 공화정(제2공화국)이 성립되었다. 1848년 12월, 나폴레옹 황제의 조카 루이 나폴레옹이 압도적 지지로 대통령에 당선됨으로써 소요 사태를 간신히 끝낼 수 있었다. 물론 프랑스의 혼돈이 여기서 끝난 것은 아니다. 대통령이던 루이 나폴레옹은 황제가 되어 프랑스 역사에 두 번의 제국이 기록되었고 현재는 제6공화국으로 이어지고 있다.

1840년대, 유럽은 혁명의 시대를 겪었다. 특히 『춘희』가 세상에 선보인 1848년에 절정을 이뤘다. 프랑스, 독일, 오스트리아 등 당시 유럽에서 영향력을 가진 나라들에서 혁명이 줄지어 일어났다. 눈에 보이는 결과는 달랐지만 민주주의와 인권의 이상을 담은 혁명의 영향과 울림은 유럽 사회를 오래도록 긴장케 했다. 아직도 전 세계에 영향을 끼치고 있는 마르크스의 『공산당선언』도 1848년 2월 21일에 출판되었다.

동백꽃은 매서운 찬 바람을 뚫고 다른 꽃에 뒤질세라 일찌감치 꽃망울을 터트려 봄을 알린다. 추위에 저항하듯 서둘러 피어나는 동백꽃은, 엄혹한 시대에 자유와 인권을 쟁취하기 위해 수많은 희생을 감수했던 1848년의 시대정신을 떠올리게 한다. 화류계 여성이지만 자기 주장이 확실한 근대인으로 살다 동백꽃처럼 송이째 져버린 여인들의 삶도 이 시대 역사와 무관하지 않음은 물론이다.

"여기 개나리가 만발하였구나!"

풍자와 경구로 부당한 현실에 저항한 월남 이상재

우리말 중 접두사 '개'자는 대개 아류, 가짜, 천덕꾸러기 등 부정적인 의미를 담고 있다. 개나리꽃도 '나리'라는 백합과 꽃과 비슷하게 생겼는데 나리꽃처럼 크고 소담하지 않아서인지 그 이름에 '개'자가 붙었다. 그런데 개나리의 '개'는 강이나 시내를 뜻하는 순우리말에서 유래했다는 설도 있다. 이때 '개'는 식물이 자라기 힘든 '척박한 땅'을 뜻하므로 접두사로 '개'자가 붙은 식물은 '야생'의 의미를 담고 있다는 것이다.

교과서에 실린 이상재의 유머

하지만 낱말 앞에 붙은 '개'자는 사람을 멸시하는 말로도 쓰인다. 물론 죄 없는 개나리도 그 이름 때문에 종종 욕설로 사용된다. 개나리를 욕으로 사용한 경우로는 월남 이상재의 일화를 빼놓을 수 없다. 일제 시대 어느 날, 이상재는 강연하러 갔다가 강연장에 순사와

형사들이 잔뜩 와 있는 것을 보았다. 이상재는 자신을 감시하러 온 그들을 보고 "여기 개나리가 만발하였구나!"라고 했다고 한다. 당시 순사에게는 '개'라는 별칭이 있었고, 형사는 '나리'로 불렸기 때문이다.

대한제국에서 고위 관리를 지낸 정치가 이상재는 1910년 한일합방 이후 모든 관직을 내려놓았다. 이후 그는 교육 계몽 활동에 나섰고 청년들의 실력 양성을 통한 독립운동에 힘썼다. 그는 일제 시대에 YMCA 전국연합회회장, 신간회 창립회장 등을 역임한 교육자이며 독립운동가이지만 그의 이름은 독설과 당당하고 탁월한 유머 감각으로 더 많이 알려져 있다. 오래전 초등학교 교과서에 실린 다음과 같은 일화의 영향인 듯하다.

이상재는 겨울이면 갓 위에 방한용 모자인 남바위를 쓰고 다녔던 모양이다. 그러자 그를 감시하기 위해 따라다니던 일본 순사가 물었다.

"선생님은 왜 갓 위에 남바위를 쓰십니까?"

그러자 이상재는 "그럼 남바위 위에 갓을 쓸까?"하고 쏘아붙여 순사의 말문이 막히게 했다는 얘기이다.

교과서에 실린 것뿐만 아니다. 단순한 유머라고 하기에는 단단하고 날카로운 뼈를 품고 있는 이상재의 당찬 발언은 어록을 만들어도 부족함이 없을 만큼 다양하고도 많다. 또 100년이 지난 지금 들어도 이내 웃음이 터지거나 간담이 서늘해질 정도로 재기가 넘친다. 여기 화제가 된 그의 재담 몇 가지를 소개한다.

조선의 무서운 영감

일본은 한일합방 무렵 조선미술협회를 조직하고 그 창립식에 이상재를 초대했다. 그 자리에는 이완용, 송병준 등 친일파들도 초대되었다. 이상재는 그 두 사람을 보고 "대감들은 도쿄로 이사 가시지요. 망하게 하는 데는 천재니까 대감들이 도쿄에 가면 일본이 망할 것 아니오?"라고 거침없이 말했다.

이상재가 시찰단원으로 일본에 갔을 때 관리가 총과 칼을 보여주며 일본의 힘을 자랑하자 이상재는 "오늘 동양에서 가장 큰 병기창을 보니 과연 일본이 강국임을 알겠소. 다만 성경에 '칼로 일어선 자는 칼로 망한다'라고 하였으니 그것이 걱정이외다"라며 마태복음 구절을 인용하여 그들의 오만을 비꼬기도 했다.

일본의 유명한 정치가 오자키 유키오가 3·1운동을 비판하기 위해 이상재를 찾아온 적이 있다. 이때 이상재는 뒷산 아름드리 소나무 아래에 돗자리를 펴고 '우리 응접실'이니 앉으라고 했다. 그 자리에서 오자키가 "조선과 일본은 부부 같은 사이인데 남편이 조금 잘

못했다고 아내가 들고 일어나서야 되겠소?"하자 이상재는 "지당한 말씀이오. 그런데 그 부부가 폭력으로 맺어진 사이라도 그렇겠소?"라고 되받아쳤다. 오자키는 일본으로 돌아가 "조선에서 무서운 영감을 만났다. 그는 세속적인 인간이 아니라 몇백 년 된 소나무와 한 몸인 것처럼 느껴졌다"라는 기록을 남겼다고 한다.

이상재의 넘치는 해학과 유머, 풍자 능력

이상재는 우리나라 사람들이 일본식으로 성 뒤에 '상'을 붙이거나 미국식으로 성 앞에 미스터, 미스를 붙여 서로를 부르는 것을 보면 매우 언짢아했다. 모임에서 그런 사람들을 본 이상재는 "요즘 웬일인지 상놈도 많고 미친놈도 많다. 일본 말 좀 할 줄 아는 사람들은 스스로 김상놈(긴상), 박상놈(바쿠상) 하더니, 미국 풍조가 들어와서 어떤 사람들은 미쳤다 김(Mr. Kim), 미쳤다 박(Mr. Park) 하니까 말이지!"

라고 꼬집었다.

　그는, 대한제국이 신문물 도입을 거부하고 외국과의 교류를 게을리한 것이 멸망 요인 중 하나라고 지적한 개화파였다. 하지만 우리 고유의 호칭을 두고 무턱대고 일본인이나 미국인 흉내를 내는 것은 마땅치 않다고 생각한 것이다.

　이상재는 험난하고 살벌한 시절, 해학과 유머로 사회를 따뜻하게 만들기도 하고 날카로운 풍자와 기지 넘치는 경구로 부당한 현실에 저항한 흔치 않은 인물이었다. 알맹이 없는 직설과 천박한 돌직구가 난무하는 요즘, 노오란 봄의 온기를 전하는 개나리꽃을 보면 월남 이상재가 머릿속에 떠오른다. 그리고 그의 당당한 애국심은 물론 넘치는 해학과 유머, 거침없는 풍자 능력이 그리워진다.

천덕꾸러기이던 수선화, 신선이 되다

수선화를 사랑한 추사 김정희

1828년 10월, 67세이던 다산 정약용은 추사 김정희로부터 귀한 선물을 받았다. 그 선물은 바로 수선화 분재였다. 정약용은 이때 '늦가을에 벗 김정희가 향각에서 수선화 한 포기를 부쳐 왔는데, 그 화분은 고려 시대 오래된 그릇이다'라는 시를 썼다. 이 시는 정약용의 저서 『여유당전서』에 전하는데, 그는 '신선의 풍모에 도사의 골격 같은 수선화가 우리집에 왔다 / 지난 날 이기양이 사신 길에 가져오더니 / 추사가 또 대동강가 관아에서 보내주었다 / 어린 손자는 처음 보는지라 부추 잎 같다고 하고 / 어린 여종은 마늘 싹이 일찍 피었다고 놀란다'라며 수선화에 대한 소감을 적었다.

귀하게 얻은 수선화를 정약용에게 보내다

김정희가 수선화를 알게 된 것은 24세 때인 1811년이었다. 그는 아버지 김노경과 함께 옌징(지금의 베이징)에 갔다가 수선화를 처음 보

있는데 그때만 해도 수선화는 조선에서는 보기 드문 식물이었다. 그로부터 20년 가까이 흐른 1828년, 김정희는 평안감사로 있는 아버지를 만나러 평양에 갔다가 수선화를 다시 접하게 되었다. 그 수선화는 연경에서 온 사신이 아버지에게 선물한 것이었다. 김정희는 그 수선화를 분재로 만들어 정약용에게 보냈다.

수선화를 얼마나 각별하게 여겼길래, 또 정약용을 얼마나 존경했길래 김정희는 아버지가 사신으로부터 받은 그 귀한 꽃을 얻어, 그것도 고려 자기에 심어 선물할 생각을 했을까? 김정희의 정성도 대단하지만 스물네 살이나 어린 김정희를 정약용이 '벗'이라고 부른 것도 눈길을 끈다. 귀한 꽃의 아름다움에 공감하고 그 느낌을 나눌 수 있는 관계이니 이들이야말로 진정한 '벗'이라 할 만하다.

이로부터 다시 10여 년이 지난 1840년 김정희는 제주도에 유배되었다. 1830년에 일어났던 '윤상도 옥사'에 뒤늦게 연루된 것이다. 윤상도와 윤한모 부자는 호조판서 박종훈과 어영대장 등을 탐관오

리로 탄핵하는 상소를 올렸다. 그런데 순조 임금은 군신을 이간질하고 반란을 선동했다는 죄목으로 이들 부자를 추자도로 유배 보냈다. 김정희의 아버지 김노경도 윤상도의 배후 조종자로 지목되어 고금도에 유배되었다가 4년 만에 풀려났다.

그런데 1840년, 안동 김씨 일족인 한성부판윤 김홍근은 윤상도 옥사를 재조사해야 한다는 상소를 올렸다. 상소 내용은, 김노경이 아들 김정희에게 상소문 초안을 쓰게 하고 윤상도를 사주해서 탄핵 상소를 올렸다는 것이었다. 윤상도 옥사는 10년 만에 다시 뚜껑이 열렸고 세도가였던 안동 김씨 일족은 김정희를 사사하라고 어린 임금 헌종을 압박했다. 애당초 김홍근 상소의 목적이 '김정희 제거'였던 것이다.

김정희는 간신히 목숨을 건졌지만 삼천리 밖 유배형에 처해졌다. 그는 제주도 대정현에 위리안치되었고 유배지에 있던 윤상도 부자는 다시 의금부로 끌려와 국문을 받은 후 능지처참 되었다. 훗날 윤

상도 옥사는 안동 김씨 일족의 조작으로 드러났지만 이 사건을 계기
로 안동 김씨 집안은 견제 세력을 제거하고 세도 정치를 지속할 수
있었다.

유배지에서 큰 위로가 되었던 수선화

그런데 제주도에 도착한 김정희에게 뜻밖의 선물이 기다리고 있
었다. 육지에서는 귀하디귀하던 수선화가 제주도 곳곳에 피어 있었
던 것이다. 우리나라 중부 이북에서는 좀처럼 볼 수 없는 수선화가
제주에서는 천대받을 정도로 흔한 식물이었다. 들판을 가득 메운 수
선화를 본 김정희는 친구 권돈인에게 편지를 써서 그 감격을 전했다.

"이곳의 마을마다 한 자쯤의 땅에도 수선화가 없는 곳이 없습니다. 산과 들, 밭둑 사이에 흰 구름이 깔린 듯, 흰 눈이 쌓인 듯 드넓게 펴져 있습니다. 토착민들은 이것이 귀한 줄을 모릅니다. 소와 말들이 뜯어먹고 짓밟아버립니다. 게다가 보리밭에 많이 자라기 때문에 농사짓는 사람들이 호미로 파내버리는데 파내도 자꾸 돋아나기 때문에 수선화를 원수 보듯 합니다. 사물이 제 자리를 얻지 못한 것이 이와 같습니다."

김정희는 수선화에 대한 시도 여러 편 썼다. "그윽하고 담백한 기풍 참으로 빼어나다. / 매화나무 고고하지만 뜰을 벗어나지 못하는데 / 맑은 물에 핀 너 해탈한 신선을 보는구나"라고 예찬한 작품도 있다.

김정희는 63세까지 8년 동안 유배지에서 살았다. 정약용이 18년 유배 기간 수백 권의 명저를 써냈듯 김정희의 유배 기간도 허송세월은 아니었다. 그는 유배 기간에 삼국시대로부터 조선까지 내려오는 전통 서법, 중국의 비문 등을 연구하여 추사체를 완성했다. 서예가이며 금석학자인 김정희의 면모가 제주도 유배지에서 무르익었다고 할 수 있다.

당시 제주도 사람들은 수선화를 '말마농'이라 불렀다. '아무짝에 쓸모없는 마늘'이라는 뜻이었다. 그런데 김정희가 그 '말마농'을 '해탈한 신선'의 반열에 올려놓았다. 천덕꾸러기였던 수선화는 김정희의 꽃밭에서 '제 자리'를 얻은 것이다. 무릇 사랑이란 주고받을 때 더욱 완전해진다. 김정희가 그렇게 아끼고 존중한 꽃 수선화가 그의 억울하고 외로운 유배 생활에 큰 위로가 되었음은 당연한 일이다.

'화왕계'에 충신으로 등장한 할미꽃

'화왕계'를 후대에 전하게 한 신라 신문왕

"뒷동산의 할미꽃 꼬부라진 할미꽃 / 젊어서도 할미꽃 늙어서도 할미꽃 / 하하하하 우습다 졸고 있는 할미꽃 / 아지랑이 속에서 무슨 꿈을 꾸실까"

어린 시절 동요를 즐겨 부르던 세대라면 귀에 익숙할 이 '할미꽃' 노래 가사는 박목월 선생의 작품이다. 그런데 가사를 새삼 곱씹어보니 무심코 노래 부를 때는 생각하지 못했던 구절이 눈에 띈다.

"하하하하 우습다 졸고 있는 할미꽃 / 아지랑이 속에서 무슨 꿈을 꾸실까"

이 구절을, 나이 든 사람의 기력 쇠한 모습이 우습고 현실과는 동떨어져 보인다는 얘기라고 해석하면 지나친 비약일까?

설총이 신문왕에게 들려준 우화 '화왕계'

남북국시대 신라의 설총도 나이 든 사람에 대한 편견을 경계하기

위해 '화왕계(花王戒)'라는 이야기에 할미꽃을 등장시켰다. 설총은 원효대사와 요석공주 사이에서 태어났고, 한자음을 빌려 우리말을 표기한 이두 문자를 집대성한 학자로 잘 알려져 있다. 설총이 신라 신문왕에게 들려주었다는 '화왕계'는 『삼국사기』〈열전〉 설총조에 실려 있는 우화이다.

이 우화에서는 꽃나라를 다스리는 화왕(花王, 모란)과 미인(장미), 백두옹(할미꽃) 등이 이야기를 이끌어나간다. 미인은 아름다운 외모로 아첨하는 캐릭터이지만 백두옹은 베옷에 가죽 띠를 두른 추레한 차림으로 나타나 왕에게 충언을 한다. '백두옹'이라는 이름에는 '머리 하얀 노인'이라는 뜻이 담겨 있다. 처음에 화왕은 많은 꽃 중에서 겉모습이 아름다운 미인을 가까이 두려 했다. 그러나 백두옹의 충직한 태도에 누구를 선택할지 고민하다가 결국 백두옹의 조언에 따라 겉모습에 현혹되지 않고 올바른 판단을 했다는 이야기이다.

신문왕은 이 이야기를 듣고 "설총의 이야기가 매우 뜻이 깊다"라

면서 이를 글로 옮겨 후세 임금들에게 전해 경계하도록 하였다고 한다. 자신의 부귀공명만을 꾀하면서 말만 번지르르한 무리를 멀리하고, 겉으로는 초라해 보일지라도 나이 든 사람의 지혜와 경험을 존중해야 한다는 교훈은 신문왕 이후 1,300년이 지난 지금까지도 유효하다.

통일 후 신라 제도를 정비한 신문왕

아무리 좋은 이야기라도 듣는 사람이 그 뜻을 받아들이지 못하면 소용없다. 그러니 우화 '화왕계'가 담고 있는 의미를 제대로 이해하고 후대에 전하라고까지 한 신문왕의 됨됨이를 어느 정도는 짐작할 수 있다. 신문왕은 삼국통일 대업을 시작한 태종무열왕의 손자이며, 20년에 걸친 긴 전쟁을 마무리하고 삼국통일을 완성한 문무왕의 아들이다. 그러니 신문왕은 신라에 바야흐로 평화와 풍요가 깃들기 시작한 때의 임금이다.

태종무열왕 때부터 시작된 신라 왕실의 전제 왕권은 신문왕 때 확고하게 자리 잡았다. 전쟁을 치르려면 귀족들의 도움이 필수적이다. 그러나 사냥이 끝나면 사냥개를 삶듯이 전쟁이 끝나면 왕을 도와 승리를 이끌어냈던 다양한 세력을 정리할 필요가 생긴다. 그들의 '청구서'는 왕이 주도적으로 나라를 이끌어가는 데 걸림돌이 될 수 있기 때문이다.

신문왕도 귀족 세력에 대한 과감한 정치적 숙청을 단행했다. 또 삼국을 통일한 뒤 영역이 넓어진 지방 통치를 위한 제도 정비도 이때 이루어졌다. 692년, 무열왕의 묘호 태종이 당나라 황제 묘호와 중복되니 바꾸라는 당나라의 압력이 있었다. 그런데 신문왕은 무열왕의 지대한 업적을 고려하여 지은 묘호라 어찌해야 할지 모르겠다며 완곡하게 그 요구를 거부했다. 당나라에도 담대하고 당당한 외교력을 발휘한 것이다.

인재 등용 지침으로서의 '화왕계'

682년, 신문왕은 피리를 하나 얻었는데 이 피리는 바다 용이 된 문무왕과 천신이 된 김유신이 보내준 것이라 했다. 나라에 근심이 생길 때 불면 평온해진다는 이 피리에 '만파식적'이라는 이름을 붙였는데, 이는 '모든 파도를 삼켜버리는 피리'라는 뜻이다. 문무왕과 김유신이 등장한 것은 신문왕 왕권의 정통성을, 피리라는 악기는 더 이상의 전쟁은 없는 신라의 평화를 상징하는 것으로 보인다.

통일이 되고 전쟁은 끝났지만 넓어진 영토의 통치, 그에 맞는 새로운 제도 확립, 고구려와 백제 사람들과의 동질성 확보, 왜국의 침

입에의 대처 등 신문왕에게는 여전히 많은 과제가 던져져 있었다. 신
문왕이 그 크고도 많은 과업을 일사불란하게 처리해나가려면 강력
한 왕권 확보가 필요했고 그를 위해서는 '만파식적'과도 같은 신물,
조상의 보살핌이라는 신화의 도움을 받아야 했을 것이다.

할 일 많은 지도자에게 가장 중요한 덕목은 훌륭한 인재를 찾아
적재적소에 배치하는 것이다. '화왕계' 속 미인(장미)은 신문왕이 정
리해야 했던 귀족 세력을 의미할 수도 있다. 그런 의미에서 '머리가
하얀' 할미꽃이 충신으로 등장한 '화왕계'는 신문왕에게 가장 중요
한 지침이 되었음을 물론, 신문왕이 스스로 밝힌 인재 등용 방침이
라고도 할 수 있다.

'남명매'를 통해 대학자 조식을 기억하다

'좌퇴계 우남명'의 각별한 매화 사랑

매화는 봄꽃 중 가장 먼저 피는 꽃으로, 양력 2월인 입춘 즈음 첫 꽃송이를 터트린다. '설중매'라는 말이 있듯이 아직 추운 시기에, 그것도 눈 속에 꽃을 피우니 그 반가움이란 무슨 말로 표현할 수 있을까? 추위라는 역경을 이기고 피어나 곧 봄이 올 것이라는 희망을 전하는 꽃이기에 불굴의 의지를 신조로 삼는 선비들에게 많은 사랑을 받았다.

이황과 조식의 각별한 매화 사랑

조선의 대표적인 두 성리학자 퇴계 이황과 남명 조식의 매화 사랑은 유명한 이야깃거리이다. 세상을 떠나기 전 마지막 남긴 말이 "저 매화나무에 물을 줘라"였던 이황은 매화와 대화를 나누는 형식의 시도 지었다.

"고맙게도 그대 매화 나의 외로움 함께하니 / 나그네 쓸쓸해도 꿈만은 향기롭다네 / 귀향길 그대와 함께 못 가 한스럽지만 / 한양

세속에서도 고운 자태 간직하게나”라고 매화에게 말을 건네니 매화가 “듣건대 선생도 우리처럼 외롭다 하니 / 그대가 돌아온 후 향기를 피우리라 / 바라건대 그대 언제 어디서나 / 옥과 눈처럼 맑고 참됨 잘 간직하소서”라고 답한다는 식이다.

이황과 더불어 ‘좌퇴계 우남명’이라 불리던 조식의 매화 사랑도 각별하다. 그는 지리산 기슭에 산천재라는 집을 짓고 살았는데 61세가 되던 해 뜰에 손수 매화나무를 심고 그 꽃을 즐겼다. 조식의 호를 붙여 ‘남명매’라 이름 지어진 이 매화나무는 지금도 많은 사람의 발길을 산천재로 이끌고 있다.

조식은 평생 벼슬에 나가지 않고 오로지 학문과 제자 교육에만 힘쓰기로 마음먹었다. 그러나 그가 나라 돌아가는 일에 관심 없었던 것은 아니었다. 목숨을 건 정치 비판을 서슴지 않았는데 그중 대표적인 것이 ‘을묘사직소’이다. 이는 1555년 명종이 조식에게 단성 현감을 제수하자 벼슬을 사양하며 올린 상소이다. 이 상소문에서 조식

은 임금의 정치가 잘못되었음을 준열하게 꾸짖고 '여인 천하'를 구가하던 대비 문정왕후를 노골적으로 비판했다.

명종은 이 상소문에 크게 화를 냈지만 『명종실록』 사관은 "글이 매우 간절하면서도 뜻이 곧았을 뿐만 아니라 시대와 변란을 근심하여 우리 임금의 덕을 밝히고 백성들을 새롭게 하고자 하였고, 풍속과 교화가 왕도정치에 이르기를 바랐으니 나라를 걱정하는 그 정성이 지극하다 하겠다"라며 조식을 높이 평가했다.

'처사'로 기억되기 바란 조식

조식과 달리 이황은 단양과 풍기 군수, 홍문관 교리, 대사성 등 몇몇 벼슬을 지냈다. 이황은 조식에게 벼슬하기를 권유하는 편지를 보내기도 했다. 이황의 편지를 받은 조식은 몸이 아프다고 핑계를 댔다. "지난 겨울부터 허리와 등이 쑤시고 아프더니 갑자기 오른쪽 다

리를 절게 되었다"라고 했다. 게다가 "눈병까지 있어 앞이 흐릿하여 사물을 바로 보지 못한 지가 여러 해 되었다"라며 눈병 치료약인 발운산을 구해 줄 수 없겠느냐는 답장을 보냈다.

조식이 '눈병' 핑계를 댄 것은 세상 돌아가는 것을 이황이 제대로 못 본다고 비꼬는 것이었다. 이황은 발운산이 아닌 '당귀'를 구하는 중이라고 편지를 보냈다. 약초 이름인 '당귀'를 한자 그대로 풀이하면 '당연히 돌아가야 한다'라는 뜻이다. 이황 자신도 곧 벼슬을 버리고 고향으로 돌아간다는 의미였다. 임금의 뜻을 따르며 벼슬자리에 남아 있는 것을 수치로 생각할 만큼 당시 사회는 어지럽고 부조리가 팽배해 있었다.

제자 김우옹이 "만약 돌아가신다면 스승님을 무엇이라 칭해야 마땅할까요?"라고 묻자 조식은 "처사라고 하는 것이 옳다. 이것이

나의 평생 뜻이다. 처사라고 하지 않고 관직으로 나를 칭한다면 이는 나를 버리는 것이다"라고 대답했을 정도이다. 처사는 도덕과 학문이 뛰어나면서도 벼슬을 하지 않는 사람을 일컫는다.

이단으로 밀려난 조식의 학파

조식은 벼슬에 나가지 않았지만 그의 제자들은 임진왜란 때 의병장이 되는 등 여러 분야에서 활약했다. 정인홍 등 제자들은 사색 당파 중 주로 북인이 되었다. 광해군이 즉위하면서 북인을 대거 등용했고 조식의 제자들은 조정을 독점하는 세력이 되었다. 그러나 이들 북인은 인조반정으로 광해군이 쫓겨날 때 대부분 숙청당했다. 더불어 그들의 스승 조식의 학파도 이단으로 여겨지게 되었다.

이황의 학문은 제자들에 의해 번성하였지만 조식의 학문은 배척되었다. 이황의 위패는 공자의 사당인 문묘에 영광스럽게 배향되었고, 그는 오늘날 지폐의 모델 자리까지 차지했다. 반면 조식은 그 이름조차 아는 사람이 많지 않다. 조식의 제자들이 정치 싸움에서 패자가 되었기 때문이다.

그러나 조식의 이름은 '남명매'에서 빛을 발한다. 해마다 봄바람이 설핏 불어오면 조식이 산천재 뜰에 심었다는 한 그루 남명매와 함께 그의 존재가 떠오른다. 삼라만상이 죽은 것 같던 겨울을 헤치고 봄이 소생하듯, 사라져버린 듯했던 대학자 조식의 이름은 지리산 천왕봉을 배경으로 피어나는 남명매를 통해 우리에게 기억된다. 애써 기른 제자들보다 손수 심은 매화나무를 통해 자신의 이름이 500년 넘게 기억될 것을 조식은 상상이나 했을까?

목련꽃 그늘 아래서 읽는 베르테르의 편지

괴테의 경험을 바탕으로 창작된 『젊은 베르테르의 슬픔』

꽃송이가 유난히 탐스럽고 새하얀 목련꽃을 볼 때 가장 먼저 연상되는 단어는 '우아함'이다. 이파리도 없이 꽃부터 힘차게 피워올린 그 매력적인 목련을 보노라면 그를 그려낸 여러 작가의 시와 노래가 저절로 머릿속에 떠오른다. 그중에서도 "목련꽃 그늘 아래서 베르테르의 편지를 읽노라"로 시작되는 '4월의 노래(박목월 시, 김순애 곡)'를 들으면 목련화가 활짝 핀 화사한 교정(校庭)의 모습이 눈 앞에 펼쳐지는 듯하다. 이 노래는 1953년에 발표되었는데, 박목월 시인은 6·25전쟁의 참화를 겪은 우리 청소년들에게 희망과 용기를 주고자 이 가사를 지었다고 한다.

'젊은 베르테르'를 연상케 하는 목련꽃

목련꽃의 아름다움을 기리는 많은 시가를 제치고 특히 이 노래가 기억에 남는 이유는 '베르테르'라는 고유명사 때문이다. 물론

‘4월의 노래’ 전체 내용은 베르테르와 별 관련이 없다. 이 이름은 단지 풍부한 감성의 상징으로 쓰였을 뿐이다. 그렇지만 이른 봄 탐스럽게 피어나는 목련화는 늘 ‘젊은 베르테르’를 연상케 한다.

『젊은 베르테르의 슬픔』은 독일의 문학가 괴테가 쓴 소설로, 전반부는 주인공 베르테르가 친구 빌헬름에게 쓴 편지들로 구성되어 있다. 후반부에 베르테르에 관한 정보를 토대로 재구성한 사건 설명도 실렸지만 소설의 주요 부분은 거의 ‘베르테르의 편지’로 이루어져 있다.

괴테가 살았던 18세기 중반과 19세기 초반, 서양 세계는 크게 요동치고 있었다. 괴테는 프로이센과 오스트리아 사이의 7년전쟁, 미국독립전쟁, 프랑스 혁명의 소용돌이를 겪었다. 나폴레옹의 지배와 몰락, 그리고 프랑스 혁명 이전으로 돌아가자는 영국, 프로이센, 오스트리아, 러시아, 프랑스 중심의 빈 체제까지 경험했다.

과학이 급속히 발전하며 종교의 절대성은 힘을 잃고 기존 질서와

권위가 잇달아 무너지는 시대였다. 그때 계몽주의와 합리주의에서 벗어나 자연적 개성, 감정, 개인주의를 강조하는 새로운 문학 운동이 등장했다. 바로 괴테와 실러가 앞장선 '질풍노도운동'이었다. 세찬 바람과 성난 파도라는 의미의 '질풍노도' 개념은 이 『젊은 베르테르의 슬픔』에서 꽃피우듯 확연히 모습을 드러냈다.

괴테의 실제 경험이 바탕이 된 소설

『젊은 베르테르의 슬픔』 내용 중 상당 부분은 괴테 자신이 실제 경험한 일로 이루어져 있다. 20대에 베츨라 고등법원에서 일했던 괴테는 법관의 딸 샤를로테를 짝사랑했다. 하지만 샤를로테는 이미 케스트너라는 외교관과 약혼한 사이였다. 괴테는 괴로워하면서도 두 사람과 교류를 계속 유지했다.

그러던 중 친구 예루잘렘의 자살 소식을 들었다. 다른 친구의 부인을 흠모했던 예루잘렘은 이루어질 수 없는 사랑을 비관해 권총으로 스스로 목숨을 끊은 것이다. 그런데 예루잘렘이 자살에 사용한 권총은 괴테가 실제로 사랑했던 샤를로테의 남편 케스트너 소유의 권총이었다. 소설 『젊은 베르테르의 슬픔』은 이런 얄궂은 상황들을 바탕으로 창작되었다.

이 작품은 발표되자마자 기성 사회와 낡은 전통에 대한 반항심으로 가득 차 있던 전 세계 젊은이들에게 커다란 반향을 일으켰다. 그런데 문제는 이 소설의 중심 단어가 '슬픔'을 넘어 '자살'이 되어버렸다는 것이다. 수많은 젊은이가 소설 속 베르테르를 모방하여 파란 연미복, 노란 조끼를 입고 부츠를 신은 채 책상 앞에 앉아 권총으로 목숨을 끊었다.

제발 베르테르 흉내를 내지 말라고 괴테가 독자들에게 호소도 했지만 별 효과가 없었다. 이 때문에 『젊은 베르테르의 슬픔』은 한동안 이탈리아, 독일, 덴마크 등에서 금서가 되었다. 심지어 자살의 전염 현상을 일컫는 '베르테르 효과'라는 말까지 생겨났다.

영혼조차 위안을 얻지 못한 베르테르

소설 속 베르테르는 죽기 전 하인을 시켜, 빌린 돈을 갚고 빌려준 책을 받아오게 하며 금전적 지원을 해주던 가난한 이웃에게 두 달치 돈을 보내주었다. 이를 봤을 때 베르테르는 무척 침착하고 이성적인 인물이다. 그런데 자신의 목숨을 끊기 위해 사랑하는 여인 샤를로테 남편의 권총을 빌리고 샤를로테는 불길한 예감으로 벌벌 떨며 권총을 내준다. 베르테르의 계산된 행동으로 진행되는 소설 속 설정은 실제 일어난 일보다 훨씬 더 잔혹하다.

물론 잔혹하지 않은 자살은 없다. 이 소설의 마지막 문장은 '성직자는 한 사람도 따라가지 않았다'이다. 베르테르의 유해를 운구하는 장면에 나온 설명이다. 스스로 목숨을 끊은 베르테르는 영혼조차 위안을 얻지 못하게 된 것이다.

한창 때 목련이 워낙 우아하고 고고한 자태를 뽐내서일까, 땅에 떨어져 갈색으로 변해버린 꽃잎은 유난히 더 처연해 보인다. 누군가는 목련이 꽃 중에서 가장 처참한 모습으로 진다고도 한다. 아직은 싱싱해 보이는데 땅에 떨어져버린 목련 꽃잎을 보면 스스로 목숨을 끊은 수많은 '베르테르'가 연상된다. 그래서 목련의 낙화가 더욱 안타깝다. 생명의 가지를 붙잡고 버티기 위해 조금 더 안간힘을 쓸 수는 없었던 걸까?

"워싱턴의 벗나무들은 한국 벗나무임을 선포한다"
이승만이 지켜낸 포토맥 강변의 벗나무들

1941년 12월 7일 아침, 미국 하와이주 오아후섬에 있는 미 해군 기지를 일본 제국 해군이 기습 공격했다. 이른바 '진주만 공격'이다. 이 공격으로 미국 군인 2,335명과 민간인 68명이 사망하고 미 해군 함선 열두 척, 비행기 188대가 침몰·격추 등의 피해를 입었다.

제2차 세계대전을 한 걸음 뒤에서 바라보던 미국 여론은 진주만 공격을 계기로 완전히 바뀌었다. 미국인들은 너나 할 것 없이 미국의 참전을 지지하였고 12월 8일, 미국 의회는 일본제국에 선전포고하였다. 태평양전쟁이 시작된 것이다.

일본의 도발을 경고한 독립운동가 이승만

미국에서 독립운동을 펼치던 이승만은 1941년 6월 『Japan Inside Out : The Challenge of Today(일본 내막기)』라는 영문판 책을 펴냈다. 천황전체주의와 군국주의로 무장한 일본이 머지않아 태평양을 놓

고 미국과 전쟁을 벌일 것이라는 내용이 담긴 책이다.

이승만은 이 책에서, 전쟁을 막기 위해 미국이 일본을 먼저 제압해야 한다고 주장했다. 그는 1905년 일본이 대한제국을 보호국으로 만든 것을 미국이 방관했다고 비판하며, 일본이 한반도를 식민지로 삼은 것이 제2차 세계대전의 원인이 되었다고도 썼다.

이 책이 처음 발간되었을 때 미국 사람들의 반응은 그리 좋지 않았다. 이 책이 오히려 일본을 자극하여 전쟁을 불러올 수 있다고 우려하였다. 그러나 바로 그해 12월 일본이 진주만을 공격하면서 이 책은 예언서로 불리며 일약 베스트셀러가 되었다.

당시 미국 대통령이던 프랭클린 루스벨트는 공격당한 12월 7일을 치욕의 날로 선포했다. 일본이 본토로 쳐들어올 것에 대비해 수많은 미국인이 군인 되기를 자원했고 반일 감정은 무섭게 치솟았다. 미국인들의 분노는 일본이 30년 전에 선물로 보내준 왕벚나무에까지 미쳤다. 그들은 워싱턴D.C.의 포토맥 강변에 심어진 왕벚나무를

다 뽑아버리려고 했다.

가츠라-태프트밀약으로 시작된 우정의 선물

그 왕벚나무들은 1912년 일본 도쿄 시장이 당시 미국 대통령 윌리엄 하워드 태프트에게 선물한 것이었다. 태프트는 1905년 육군장관 재임 시, 미국이 일본의 대한제국 지배를 인정하는 대신, 일본은 미국의 필리핀 지배권을 인정한 가츠라-태프트밀약을 맺은 장본인이다. 결국 이 벚나무들은 가츠라-태프트밀약으로 시작된 우정의 선물이었다.

낭초 1910년 1월, 시애틀 항구에 도착한 일본산 벚나무 묘목 3,000그루는 검역 과정에서 병충해에 감염된 것이 확인되었다. 태프트 대통령은 이 나무들을 모두 불태워버리라고 명령했다. 그런데 일본은 불과 2년 후인 1912년 2월, 벚나무 묘목 3,000여 그루를 다시

미국으로 보냈다. 이 묘목들은 무사히 시애틀에 도착해 워싱턴으로 운송되었고 영부인 헬렌 태프트 여사는 포토맥 강변에 이 묘목들을 심게 하였다.

2년, 그 짧은 기간에 일본은 어떻게 3,000여 그루의 벚나무 묘목을 다시 마련할 수 있었을까? 이 의문에 대한 답은 동양미술사학자 존 카터 코벨 박사가 생전에 발표한 글에서 찾을 수 있다. 그는 "도쿄 시장이 1910년 아라카와 강변의 벚나무를 워싱턴에 선물했지만 벌레 먹어서 다 죽었다. 일본은 새 품종 벚나무를 다시 선물했는데 이때의 벚나무는 제주도에서 채집한 것으로 미국 풍토에서 강하게 살아남을 것으로 생각했다"라고 밝혔다. 결국 포토맥 강변의 벚나무는 일본산이 아니라 제주도산 왕벚나무라는 것이다.

"워싱턴에 심어진 벚나무들은 한국 벚나무임을 선포한다"

아무튼 진주만 공격 때문에 죄 없는 왕벚나무 수천 그루가 떼죽음 당할 위기에 처했다. 그때 이승만은 포토맥 강변의 벚나무 원산지가 일본이 아니라 제주도와 울릉도라고 주장하며 벚나무들을 베어버리려는 미국 정부를 만류했다. 또한 이승만은 '재팬 체리블로썸'으로 불리던 벚꽃의 명칭을 '코리안 체리블로썸'으로 바꿔달라고 미국 내무부에 요청하기도 했다.

1943년 4월 8일, 주미외교위원장 이승만은 워싱턴D.C.에 있는 아메리카대학교 교정에 제주 왕벚나무 네 그루를 심었다. 대한민국 임시정부 24주년 기념 행사의 일환으로 '한국 벚나무 식수식'을 거행하며 "워싱턴에 심어진 벚나무들은 한국이 원산지이며 이들 나무 또한 한국 벚나무임을 선포한다"라는 결의안까지 발표했다. 이때 심어진 벚나무들은 그 자리에서 울창하게 자라 지금까지도 그날의 감동을 전해주고 있다.

많은 사람이 벚꽃을 기다리며 봄을 그리워한다. 벚꽃의 고향이 어디든 천지를 분홍빛으로 물들이는 벚꽃에 대한 우리의 기대는 달라지지 않는다. 또 벚나무의 원산지가 뭐 그리 중요하냐고 묻는 사람도 있을 것이다. 다만 대한민국 국민이라면 잊지 말아야 할 일이 하나 있다. 전 세계 수많은 상춘객에게 봄의 환희를 전달하는 포토맥 강변의 벚나무들을 지켜내고 그 국적을 분명하게 밝힌 건국 대통령 이승만의 진취적이고 굳센 기백에 대해서이다.

영화 『사운드 오브 뮤직』으로 유명해진 에델바이스

영화 배경은 나치 독일의 오스트리아 병합

설악산이나 한라산 같은 높은 산지, 바위틈에 주로 피는 솜다리 꽃. 솜털이 보송보송하게 자란 꽃받침을 보면 이름을 그 모습에 어울리게 참 잘 지었다는 생각이 든다. 사람 발길이 잘 닿지 않는 곳에 피기도 하지만 꽃 색깔이 화려하지 않고 크기도 작아 곁에 있어도 눈에 잘 띄지 않는다. 그런 이 꽃은 영화 『사운드 오브 뮤직』 덕분에 유명해졌다. 솜다리가 아닌 '에델바이스'라는 이름으로.

"내 조국을 영원히 축복해 주길"

『사운드 오브 뮤직』은 실화를 바탕으로 만든 영화이다. 원작은 영화 주인공 마리아 폰 트라프의 회고록 『트라프 가문의 가수들 이야기』이다. 영화에서 트라프 대령과 마리아가 신혼여행을 떠난 사이 오스트리아는 나치 독일인 제3제국에 합병된다. 여행에서 돌아온 트라프 대령이 집 앞에 게양된 제3제국 국기를 찢으면서 심각한 갈

등이 예고되었다.

물론 그게 끝이 아니었다. 나치에 반대하는 트라프 대령에게 소집 명령이 전해진 것이다. 다음날 당장 출두하라는 영장을 받은 대령은 가족을 이끌고 오스트리아를 떠나기로 했다. 하지만 대문 앞에서 게슈타포에 붙들리자 민요대회에 가는 중이라고 둘러댔다. 결국 그들 가족은 독일군의 감시를 받으며 민요대회장으로 향했다. 무대에 선 트라프 대령은 "내 조국을 영원히 축복해 주길"이라는 가사로 마무리되는 노래 '에델바이스'를 부른다.

원래 독일과 오스트리아의 민족은 같은 게르만계로, 두 나라는 동프랑크 왕국부터 신성로마제국까지 역사를 공유하고 있다. 19세기, 이들은 합스부르크 왕조의 오스트리아제국과 프로이센 왕국이라는 두 강국을 유지하면서 서로 자기 나라 중심으로 독일이 통일되기를 원했다. 하지만 프로이센-오스트리아 전쟁 이후인 1871년, 오스트리아가 제외된 상태로 프로이센 중심의 통일 독일제국이 탄생했다.

역사를 공유한 오스트리아와 독일

1914년 오스트리아 황태자가 암살되는 사라예보 사건을 계기로 오스트리아는 세르비아에 선전포고를 했고 이는 제1차 세계대전으로 번졌다. 그러나 오스트리아제국은 독일과 함께 패전국이 되었다. 그 결과 제국은 완전히 분해되었고 오스트리아는 작은 공화국이 되었다. 이 오스트리아 공화국과 독일 통합이 꾸준히 거론되는 가운데 히틀러가 독일에서 정권을 잡았다. 그는 오스트리아 린츠 출신이다. 1936년에 맺은 독일-오스트리아 협정으로 히틀러는 오스트리아의 독립을 약속하고 오스트리아 나치당의 정치 활동을 보장받았다.

그러나 1938년 독일로부터의 완전 독립을 희망한 오스트리아에서는 이 문제를 국민투표에 붙였다. 히틀러는 크게 화를 내며 "이는 사기 투표이니 독일은 그 결과를 받아들일 수 없다"라고 선언했고, 독일군은 3월 12일 오스트리아 국경을 넘었다. 예상과 달리 독일군에 대한 오스트리아 국민의 저항은 없었다. 독일군은 오히려 열렬한 환영을 받으며 오스트리아로 진주했다. 독립을 추진하던 미크라스 대통령이 사임하고 권한대행이 된 자이스잉크바르트는 3월 13일 빈에서 히틀러와 만나 병합에 관한 법률안에 서명했다.

고향 린츠에 다녀온 히틀러는 3월 15일, 빈의 헬덴 광장에서 다음과 같은 연설을 했다.

"나의 조국이 독일국에 들어왔음을 선언하노라. 독일 민족의 가장 오래된 동쪽 지방이 이 시점으로부터 독일국의 가장 새로운 요새가 되었다. …… 나의 정치적인 투쟁은 국민의 사랑으로 쟁취한 것이다. 내가 국민의 사랑을 직접 경험한 것은 국경을 넘어 들어왔을 때였다. 우리는 군림하러 온 것이 아니라 해방자로서 온 것이다."

'에델바이스'는 미국에서 만들어진 노래

독일군이 오스트리아 전역을 접수한 이후 국민투표를 실시했다. 나치당 감독 아래 치러진 투표 결과 병합 찬성이 97%로 집계되었다. 투표지가 찬성에 유리하도록 만들어졌고 독일군 앞에서 공개 투표를 한 곳도 있었으니 이런 결과가 나올 수밖에 없었다. 영화『사운드 오브 뮤직』의 역사적 배경이 되는 나치 독일의 오스트리아 병합이 완성된 것이다.

이듬해인 1939년 독일이 폴란드에 선전포고함으로써 제2차 세계대전이 발발했고 오스트리아는 독일과 같은 편에서 전쟁에 참여했다. 전쟁 이후 오스트리아는, 독일과의 통일을 영원히 금지하고 영세중립국 지위를 유지한다는 조건을 스스로 내걸었다. 그 대가로 1955년 점령군이 철수하고 오스트리아는 주권을 회복하였다.

『사운드 오브 뮤직』에서 '에델바이스' 노래는 오스트리아의 민요이며 그 꽃은 나치에의 저항을 상징하는 듯하다. 그런데 영화 속 '에델바이스'는 브로드웨이 공연을 위해 미국에서 만들어진 노래이다. 아이러니하게도 에델바이스 꽃은 나치 독일군 산악부대의 상징이었고 1939년 만들어진 나치 독일 군가의 소재로도 쓰였다. 이 군가는, 가사에 나치는 물론 전투에 관련된 내용도 전혀 없기 때문에 오늘날 독일 군대에서도 사용되고 있다.

꽃은 어떤 국가나 이념의 전유물로 머무르지 않음을 이 사례가 보여주는 듯하다. 꽃은 그 자체로 강인한 생명력을 발하고 수많은 사람의 가슴에 울림으로 다가가기 때문이다.

나라가 망해도 꽃은 피어난다
원 간섭기 혼란 속에 배꽃을 만난 이조년

해마다 봄이 되면 매화, 복사꽃, 벚꽃, 배꽃, 살구꽃, 자두꽃 등 과실나무 꽃들이 흰색으로, 분홍색으로 앞다투어 천지를 뒤덮다가 꽃비로 휘날리며 사라져간다. 이들 과실나무는 꽃도 황홀하게 아름다운데 꽃이 진 후에는 달디 단 열매까지 풍성하게 내어준다. 이래저래 인간에게 '단맛'을 만끽하게 해주는 고마운 존재들이다.

이 과실나무 꽃들은 모습이 거의 비슷해서 섞여 있으면 한눈에 구별하기 쉽지 않다. 물론 자세히 들여다보면 꽃잎의 모양이나 꽃잎 끝의 갈라짐, 꽃의 배열 등이 다 다르다. 그중 배꽃은 열매가 커서인지 비교적 꽃의 크기가 크고 색깔은 배 속같이 유난히 하얗다.

봄밤의 애잔한 정취를 짙게 풍기는 배꽃

낮 동안 아름다운 자태를 뽐내던 꽃들도 해가 지면 그 빛을 잃게 마련이다. 하지만 밤이 되어도 하얗고 탐스러운 배꽃은 어둠을 배경

으로 더욱 도드라져 보인다. 그렇게 봄밤의 애잔한 정취를 짙게 풍기는 배꽃(이화)을 노래한 유명한 시조가 있다.

이화에 월백(月白)하고 은한(銀寒)이 삼경(三更)인제 / 일지춘심(一枝春心)을 자규야 알랴마는 / 다정도 병인 양하여 잠 못 들어 하노라

‘다정가’라 불리는 이 시조는 고려말의 문관 이조년(1269~1343)의 작품이다. 교과서에 실린 시조라 많은 사람의 입에 오르내리지만 그 작가에 대해서 아는 사람은 흔치 않다. 이조년은 역사에서 ‘원 간섭기’라 부르는 시대에 살았다. 원 간섭기는 1259년부터 1356년까지 100년 가까이 계속되었는데 그때 고려 왕의 시호에는 ‘충성 충(忠)’ 자를 붙였다. 원나라에 충성을 바친다는 의미였다.

또 왕자가 태어나면 어릴 적에 원나라로 보내서 원나라식 생활을 하며 원나라 선생에게 원나라 글을 배우며 원나라 친구들을 사귀며 자라게 했다. 왕자가 어른이 되면 원나라 공주와 결혼하여 고려로 와서 왕위에 올랐다. 원나라 공주와 결혼한 왕만이 고려에서 세력을 얻을 수 있었다. 게다가 원나라 공주에게서 태어난 왕자가 왕위를 잇곤 했으니 고려 왕실에는 몽골족의 피가 섞일 수밖에 없었다.

고려 왕보다 더 큰 권력, '원나라 공주의 남편'

충렬왕이 즉위한 1274년부터 충혜왕이 쫓겨난 1344년까지, 그 70년 동안 고려 왕을 지낸 사람은 네 명이다. 하지만 재위 시기는 여덟 차례로 기록되어 있다. 왕마다 즉위했다 쫓겨나고 복위하기를 되풀이했기 때문이다. 원나라는 고려 왕의 자리를 장난감 다루듯 했다. 이런 상황만 봐도 고려는 그때 이미 국운이 다했다고 할 수 있다.

충렬왕은 원나라 첫 황제 쿠빌라이의 사위였다. 충렬왕비만 황제의 딸이었고 이후 고려 왕에게 시집온 공주들은 원나라 왕들의 딸이었다. 충렬왕은 변발에 몽골식 옷을 입고 신하들에게도 몽골 복식을 강요했다. 그런데 강한 영향력을 행사하던 왕비가 죽자 충렬왕은 권력을 잃고 쿠빌라이의 외손자이며 또 다른 원나라 공주의 남편인 아들 충선왕에게 왕위를 넘겨야 했다.

충선왕도 5개월 만에 왕위에서 쫓겨났다. 충선왕이 고려 여자를 가까이 하자 충선왕비가 원나라 조정에 이를 일러바쳤기 때문이다. 충렬왕이 복위하고 충선왕은 원나라로 갔다. 충렬왕은 복위 후에도 연회와 사냥으로 세월을 보냈다. 고려 조정 대신들은 충렬왕 편과 충선왕 편으로 나뉘어 서로를 트집 잡아 원나라에 고자질하는 데 에너지를 허비했다.

충선왕의 아들 충숙왕도 나랏일을 뒷전에 두기는 마찬가지였다. 충숙왕 뒤를 이은 충혜왕은 즉위 직후부터 향락과 여색에 젖어 지냈다. 성격도 포악해서 실정이 거듭되니 원나라에서는 그를 베이징으로 소환하고 부왕인 충숙왕을 복위시켰다. 그런데 충숙왕이 죽자, 악명 높은 충혜왕이 다시 왕위에 올랐다.

충혜왕에게 간언하다 쫓겨난 이조년

한번 쫓겨났다가 돌아왔지만 충혜왕은 여전히 정신을 못 차리고 주색과 사냥을 일삼았다. 나랏일은 돌보지 않았으며 방탕한 습성을 끝내 버리지 못했다. 이 무렵 예문관 대제학으로 제수되었던 이조년은 충혜왕의 음탕한 생활을 말리려 간언했다가 왕의 노여움을 샀다. 그는 간신히 죽음은 면했지만 벼슬에서 쫓겨났다.

결국 친원파 대신들이 충혜왕의 실정과 횡포를 원나라에 알려서 충혜왕은 귀양 가게 되었다. 그런데 그는 원나라의 귀양지에 닿지도 못하고 길에서 세상을 떠나고 말았다. 그때 충혜왕의 나이는 30세였다. 이조년은 고향에서 맞은 말년의 심란한 봄날, 시조 '다정가'를 지었다.

나라가 이미 망한 것이나 다름없는 시대에 살았던 이조년. 만물이 소생하는 봄밤에도 우국충정으로 잠 못 이루던 이조년에게 배꽃은 유난히 처연하고 애잔하게 보였을 것이다. 나라가 기울어도, 인간 세상에 커다란 비극이 닥쳐도 꽃은 계절을 지켜 어김없이 피어난다. 때로는 아름다운 꽃이 슬퍼 보이고 꽃이 만발한 계절이 잔인하게 느껴지는 이유는 바로 이런 섭리 때문이리라.

"제비꽃이 만발할 때 나는 돌아올 것이다"

나폴레옹의 상징으로 여겨지는 제비꽃

오랑캐꽃, 장수꽃, 씨름꽃, 병아리꽃, 앉은뱅이꽃 등 제비꽃의 다른 이름은 유난히 많다. 이용악 시인이 1939년 지은 시 '오랑캐꽃'에는 "긴 세월을 오랑캐와의 싸움에 살았다는 우리의 머언 조상들이 너를 불러 '오랑캐꽃'이라 했으니 어찌 보면 너의 뒷모양이 머리태를 드리운 오랑캐의 뒷머리와도 같은 까닭이라 전한다"라는 구절이 있다.

꽃이 필 무렵 오랑캐가 자주 쳐들어와서 오랑캐꽃이라 했다고도 하고 꽃의 생김새가 여진족의 투구나 머리채를 닮아서 그렇게 부른다고도 한다. 이용악 시인은 우리 역사상 '오랑캐'에게 가장 많이 시달렸을 함경북도 출신이다. 하지만 시에서 "너는 오랑캐의 피 한 방울 받지 않았건만 오랑캐꽃 / 너는 돌가마도 털메투리도 모르는 오랑캐꽃"이라며 겉모습 때문에 공연히 침략자 오랑캐로 불리는 꽃의 억울함을 대변했다.

우리나라에 자생하는 제비꽃만도 60여 종

제비꽃이라는 이름을 얻은 이유도 여러 가지이다. 강남 갔던 제비가 돌아올 무렵 피는 꽃이라, 혹은 모양과 빛깔이 제비를 닮아서 제비꽃이라 불렀다고도 한다. 이름만큼이나 종류도 많은데 우리나라에 자생하는 제비꽃만도 60여 종이 된다. 봄이면 들판에 지천으로 피어나는 제비꽃. 그 흔하디 흔한 꽃을 유난히 사랑한 세계사적 인물이 있다. 바로 유럽 역사를 뒤흔든 나폴레옹 보나파르트이다.

제비꽃에 대한 나폴레옹의 사랑은 각별하여 제비꽃은 그를 상징하는 꽃으로 여겨진다. 아내 조세핀의 웨딩드레스에도 제비꽃이 그려졌고, 두 사람 다 제비꽃 향수를 사용했으며 매년 결혼기념일이면 제비꽃을 아내에게 선물했다는 등 나폴레옹의 제비꽃 사랑에 대한 이야기는 전설처럼, 풍문처럼 다양하게 전해진다.

대혁명의 여파가 자기네 나라로 번지는 것을 우려한 주변 나라들

이 프랑스를 위협하고 있을 때 혜성처럼 나타나 조국을 구하고 유럽을 평정한 나폴레옹. 그는 1804년, 자신을 황제로 선포했다. 나폴레옹과 그 지지자들은 로마 공화정이 제정으로 바뀐 것을 근거로 프랑스 제정 성립을 합리화했다. 당시 프랑스에서 실시된 국민투표 결과 나폴레옹의 황제 즉위는 압도적인 찬성표를 얻었다. 혁명의 격랑에 시달린 프랑스 국민은 강하고 안정적인 정권을 기대한 것이다.

그럼에도 불구하고 그의 황제 즉위는 추종하던 많은 사람에게 실망을 안겼다. 합리적이고 새로운 질서를 세워 자유롭고 평등한 세상을 열어줄 영웅에서 구태의연하게 권력을 탐하는 독재자로 그 이미지가 바뀐 것이다. 나폴레옹에게 헌정하기 위해 교향곡 3번을 작곡한 베토벤은 악보 첫 장 헌정사에서 '보나파르트'라는 이름을 빼버렸다. 심지어 워털루 전투에서 나폴레옹에게 패배를 안긴 영국의 웰링턴을 찬양하며 '웰링턴의 승리'라는 곡을 만들었다.

스스로 황제 관을 쓴 나폴레옹

나폴레옹은 대관식도 자기 방식대로 치렀다. 당시 유럽 황제들은 교황이 있는 바티칸으로 가서 교황 집전으로 성 베드로 대성당에서 대관식을 했다. 그런데 나폴레옹은 교황 비오 7세를 파리 노트르담 대성당으로 오게 했다. 뿐만 아니라 교황의 집전을 기다리지 않고 스스로 황제 관을 썼다. 일부 없는 장면을 그려 넣기도 했지만 자크 루이 다비드는 '황제 나폴레옹 1세의 대관식'을 기록 사진처럼 상세하게 묘사하였다.

당시 유럽의 거의 모든 나라는 나폴레옹의 적이었다. 영국, 러시아, 프로이센, 스웨덴 등 동맹군이 사방에서 프랑스를 위협했고 나폴레옹은 그들을 당해내지 못했다. 1814년 3월, 동맹군이 파리에 들어왔고 나폴레옹은 퇴위했다. 엘바섬으로 유배를 떠나던 날, 그는 퐁텐블로성 뜰에서 수비대와 작별하며 말했다.

"나는 제비꽃이 만발할 때 돌아올 것이다."

나폴레옹의 빈 자리를 두고 유럽 제국들은 치열하게 싸움을 벌였고 그 틈을 타 나폴레옹은 엘바섬에서 탈출했다. 그리고 떠날 때의 약속대로 이듬해 봄, 제비꽃이 필 무렵 파리로 돌아왔다. 이때 가슴에 제비꽃을 단 환영 인파가 거리를 메웠다.

나폴레옹의 유해, 파리 개선문을 통과하다

영국, 프로이센, 러시아 등은 연합군을 보냈고 전쟁이 다시 시작

되었다. 나폴레옹 군은 선전했지만 워털루 전투에서 치명적인 패배를 당했다. 이로써 백일천하는 끝나고 나폴레옹은 아프리카 적도 근처 세인트헬레나 섬으로 두 번째 유배길에 올랐다. 6년 후 나폴레옹은 그곳에서 세상을 떠났다. 그의 유해는 사후 19년이 지난 1840년, 파리로 돌아왔다. 그리고 자신의 승전을 기념하여 지은 파리 개선문을 통과하여 앵발리드로 옮겨져 안장되었다.

부질없는 생각이지만 프랑스 사람들이 나폴레옹을 어떻게 평가하는지 가끔 궁금해진다. 영웅과 독재자 사이를 두부 자르듯 잘라 규정할 수는 없을 것이다. 하지만 앵발리드 건물 중앙에 안치된 나폴레옹의 거대한 관은 프랑스 사람들의 생각을 어느 정도 짐작하게 한다. 확인하기는 어렵지만 해마다 봄이면 나폴레옹의 귀환을 환영하는 인파처럼 앵발리드 주변에 제비꽃이 만발할 것 같다.

강인한 생명력의 상징, 민들레꽃
납북된 남편에 대한 간절한 그리움 담은 '일편단심 민들레야'

길가에 자생하는 민들레를 보면 꼬리를 물 듯 뒤따르는 연상이 몇 가지 있다. 그중 첫째는 강인한 생명력이다. 박완서 작가는 소설 '옥상의 민들레꽃'을 통해 민들레꽃의 생명력이 사람들에게 끼치는 선한 영향력을 섬세하게 묘사했다. 그중 "흙이랄 것도 없는 한 줌의 먼지에 허겁지겁 뿌리내리고 눈물겹도록 노랗게 핀 민들레꽃"이라는 표현은 민들레의 생명력을 실감 나게 나타낸 압권이다. 그 외에도 이 소설 곳곳에 숨어 있는 희망의 메시지는 민들레 홀씨처럼 날아 팍팍한 일상을 사는 사람들 마음에 살포시 내려앉는다.

임에 대한 변함없는 애정을 '민들레'에 투영한 노래

두 번째 연상되는 것은 홀씨이다. 꽃이 지고 나면 솜털 같은 것이 달린 홀씨 덩어리들이 또 한 번 장관을 이룬다. 그 홀씨들이 바람 타고 날아가서 풀 한 포기 꽂힐 자리 없어 보이는 돌 틈이나 아스팔트

균열 안에 자리잡고 있다가 이듬해 새롭게 싹을 틔우고 꽃을 피운다. 홀씨가 민들레의 강인한 생명력을 널리 전파하는 주역인 셈이다.

그리고 또 하나 빼놓을 수 없는 것은 '일편단심 민들레야' 노래이다. 길가의 노란 민들레꽃을 보면 어느새 입안에서 이 노래가 흥얼거려진다. 한때 최고의 인기를 얻어 매스컴을 통해 널리 알려지기도 했지만 떠난 임에 대한 변함없는 애정과 간절한 그리움 속에 살아온 자신을 '민들레'에 투영했다는 점이 무엇보다 인상적이기 때문이다.

1981년 가수 조용필이 발표한 '일편단심 민들레야' 노래 가사는 특별한 사연을 바탕으로 만들어졌다. 당시 72세이던 이주현은 '일편단심 민들레야'라는 제목의 자전적 이야기를 신문에 투고했는데 이 원고 첫머리에는 6·25전쟁 때 납북된 남편을 그리워하는 내용이 담겨 있었다.

6·25전쟁 때 신문사 국장이던 남편은 북한군에 납치되어 끌려갔고 부부는 영이별을 하게 되었다. 이주현은 홀로 3남매를 키우며 어

렵게 살았지만 평생 모은 돈을 전쟁 전 남편이 몸담고 있던 신문사에 기부했다. 그 돈이 거름이 되어 남편 이름이 붙은 '수남 장학금'이 만들어졌다.

'밟혀도 밟혀도 고개를 쳐드는 민들레같이 살아온 세월'

1981년 당시 이주현은 자신의 사연을 담은 기사에서 "수남! 이렇게 불러볼 날도 이제 오래지 않겠지요. 어언 접어든 내 나이가 고희를 넘겼으니 살아갈 날이 얼마나 되리까. 당신을 잃은 지도 30년 성상, 밟혀도 밟혀도 고개를 쳐드는 민들레같이 살아온 세월, 몇 번씩이나 지치고 힘에 부쳐 쓰러질 듯하면서도 그때마다 당신을 생각하며 이겨왔어요"라고 말했다.

또 이주현은 생사를 알 길 없는 남편을 간절히 그리워하며 "내가 아무리 끈질긴 생명력의 민들레라 해도 일편단심 붉은 정열이 내게

없었다면 어린 자식들을 못 키웠을 것이고, 지아비에 대한 깊은 그리움의 정(情)이 없었다면 붓대를 들 용기도 내지 못했을 것이다”라고 원고 ‘일편단심 민들레야’ 첫머리에 썼다.

‘일편단심 민들레야’ 노래 중 ‘그 여름의 광풍’은 부부의 평화로웠던 일상을 할퀸 전쟁을, ‘낙엽 지듯 가시었나’는 그해 가을 남편이 납북된 상황을 가리킨다. ‘하늘만 바라보는 것’은 생사를 모르지만 이미 천국에 갔을 남편을 그리워하는 것이고 ‘어디에서도 들을 수 없는 그 목소리’는 남편이 떠나면서 “걱정하지 말아요, 잘 다녀올게!”라고 했던 그 목소리를 말한다. 그 자서전을 읽고 감동한 조용필은 이주현에게 연락하여 노래를 만들겠다는 뜻을 전했고 그렇게 ‘일편단심 민들레야’ 노래가 탄생했다.

꼭 기억해야 할 '우리 모두의 비극'

북한에 살던 많은 사람이 전쟁 전부터 공산주의자들을 피해 남한으로 왔다. 그래서 북한에는 일할 사람이 부족하게 되었고 공산주의자들은 그 자리를 메우기 위해 대한민국에서 엘리트들을 납치해 갔다. 서울 북쪽에 있는 미아리 고개를 넘어 공산군에 끌려간 사람들은 주로 정치인, 예술가, 학자, 기술자, 의사, 교사, 농민, 대학생 등이었다.

전쟁 납북자는 9만 6,000여 명으로 추산되는데 이들 중 대부분이 전쟁 발발 이후 3개월 동안 납북되었다. 그들은 주로 자택이나 그 근처에서, 그러니까 가족이 보는 앞에서 납치되었다. 하지만 휴전 회담에서 납북자 문제가 거론되었을 때 북한 대표는 사람들을 납치한 적이 없다고 시치미를 뗐다. 결국 6·25전쟁 때 북한으로 끌려간 납북자들은 한 명도 돌아오지 못했다. 이주현뿐만 아니라 수많은 '민들레'가 돌아오지 못하는 가족을 '일편단심'으로 기다리며 일생 눈물을 삼킨 것이다.

납북자도 대한민국 국민이다. 또 아직도 '일편단심 민들레야'처럼 그들을 기다리는 가족들이 남한에 살고 있다. 살아 있는 사람들은 지금이라도 대한민국과 가족의 품으로 돌아올 수 있도록 해야 한다. 최소한, 척박한 땅에서 몸을 낮추고 싹을 틔우는 민들레, 와중에 예쁜 꽃을 피워내고 홀씨로 생명력을 전파하는 민들레를 볼 때마다 우리는 납북자들을 기억하고 그 가족들의 아픔을 헤아려야 할 일이다. 이는 그들만이 아니라 대한민국 전체의 비극이기 때문이다.

13

'산을 비추는 붉은 꽃' 영산홍

『조선왕조실록』에 기록된 영산홍

봄이면 도시 거리에서 흔하게 볼 수 있는 꽃 중 하나가 철쭉이다. 그런데 일반적으로 철쭉꽃밭으로 알고 있는 붉은 꽃 무더기 중 더러 영산홍이 섞여 있다. 영산홍과 철쭉은 구별하기 어려워 보인다. 그런데 두 식물 사이에는 육안으로도 쉽게 찾을 수 있는 결정적인 차이가 있다. 철쭉꽃은 꽃잎 안쪽에 반점이 있고 수술 수가 풍성하다. 그런데 영산홍은 꽃잎에 반점이 없고 가지 끝에 수술 대여섯 개 달린 자그마한 꽃송이가 오종종하게 피어난다.

영산홍이라 불리는 일본 철쭉 사츠키와 히라도

철쭉은 연분홍, 흰색, 보라색 꽃을 피우지만 영산홍은 대부분 붉은 꽃이다. '영산홍(映山紅)'이라는 이름 자체에 '산을 비추는 붉은 꽃'이라는 뜻이 들어 있다. 두 식물 다 꽃에 독성이 있어서 먹을 수 없다는 공통점도 있다.

이렇게 애써 구분하고 공통점도 찾아보지만 지금 쓰이는 '영산홍'이라는 이름은 철쭉의 개량종들에도 쓰이는, 확실한 정체를 특정할 수 없는 명칭이 되었다. 조선 시대에는 모든 진달래 속을 통틀어 영산홍이라 일컬었다. 그런데 일본에서 들어온 철쭉의 한 종류인 사츠키에 1980년대 '영산홍'이라는 이름을 붙였고 이것이 국가표준식물목록에 등록되었다. 또 역시 일본 품종인 왕철쭉 히라도도 '영산홍'이라는 이름으로 유통되면서 엉망진창이 되어버렸다.

어쨌든 영산홍이라는 이름의 식물은 오래 전부터 한반도에서 자라고 있었다. "이야헤 에헤야 에헤이야 얼싸 지화자자 영산홍 / 영산홍로(영산홍 피어 있는 길) 봄바람에 가지가지가 꽃 피었네 지화자자 영산홍"이라는 가사를 담은, 단오굿 때 부르는 강릉 민요도 있으니 원래 영산홍은 근래에 들어온 외래종이 아닌 것은 분명하다.

『조선왕조실록』에도 영산홍에 대한 기사가 다섯 번 등장한다. 맨 처음은 〈성종실록〉에서 찾을 수 있다. 성종 2년(1471년) 11월 21일에

장원서(掌苑署)에서 영산홍 분(盆)을 성종에게 올리니 "겨울 달에 꽃이 핀 것은 인위에서 나온 것이고 내가 꽃을 좋아하지 않으니 이후로는 올리지 말도록 하라"라고 말했다 한다. 화려하고 인위적인 것을 거부하는 성종의 성품이 엿보이는 듯하다.

영산홍 1만 그루를 후원에 심으라 명령한 연산군

그런데 1505년 1월 26일, 성종의 뒤를 이은 연산군은 "영산홍 1만 그루를 후원에 심으라"라고 명한다. 이듬해 1월 25일 연산군은 "영산홍은 그늘에서 잘 사니, 그것을 땅에 심을 때는 먼저 땅을 파고 또 움막을 지어, 추위에 부딪혀도 말라 죽는 일이 없게 하라"라고 특별히 챙기기까지 했다. 2월 2일에는 영산홍 재배한 숫자를 담당자를 시켜 보고하게 하라는 지시도 했다. 이는 한겨울인 쓰인 기사들로, 겨울철에 인위적으로 피우는 꽃을 거부했던 성종의 태도와는 비교가 된다.

영산홍은 명종 7년(1552년) 1월 12일 기사에 다시 한번 등장한다.

> "신이 일찍이 『국조보감』을 보건대, 성종조 때 장원서에서 영산홍을 바치자 이를 물리쳤다고 하였으니 그 의도가 참으로 훌륭합니다. 그런데 지난번에는 장원서가 꽃을 잘 기르지 못하였다 하여 관리를 추문하였습니다. 겨울철에 꽃을 기르는 것은 폐단이 매우 큽니다. 토우와 시목의 역사(건축·토목 공사와 땔감 채벌을 위한 노동)에 백성들이 많이 시달리고 있는데, 초목의 꽃과 열매는 천지의 기운을 받는 것으로 각각 그 시기가 있습니다. 제 때에 핀 것이 아닌 꽃은 희완(단순한 놀이)에 가까운 것이니 무슨 관람할 가치가 있겠습니까. 정파(중단, 폐지)하소서."

왕희걸이라는 관리가 성종대에 있었던 일을 들어 주장한 내용이다. 왕희걸은 연산군 이야기는 굳이 하지 않았지만 임금이 계절에 맞지 않는 꽃을 탐하는 것을 탐탁잖게 여긴 그의 의도가 분명히 드러난다.

연산군과 영산홍은 이래저래 관련이 많다. 우선 그가 영산홍을 얼마나 각별히 여기고 재배에 공을 들였는지는 『조선왕조실록』〈연산군일기〉에 분명히 실려 있다. 게다가 핏빛 붉은 영산홍은 무오사화·갑자사화 등 연산군 재위 동안 일어난 피비린내 나는 사건들을 연상시키기도 한다. 또 붉을 '홍'자 때문에 미녀와 좋은 말을 궁중에 모아들이기 위해 연산군 때 지방으로 파견하였던 관리 '채홍사'를 떠올리게도 한다.

그런데 퇴폐적인 사치와 향락 풍조는 성종 때부터 이미 시작되었고 연산군은 그 분위기를 이어간 것으로 보인다.

> "오랫동안 세상이 태평하고 변경(국경)도 걱정이 없다. 오늘처럼 태평한 정치는 없었을 것이다. 편히 놀기도 하고 잔치도 베풀어 마음껏 태평을 누리는 것이 또한 가하지 않겠는가."

이는 1505년(연산군 11년)에 연산군이 내린 전교이다. 연산군은 즉위 초에는 선왕대에서 시작된 퇴폐 풍조를 근절하려고 했지만 태평성대가 계속되니 선왕처럼 좀 놀아도 상관없다고 여겼던 것이다. 이때 궁중에 불러들인 기생들을 '흥청'이라고 했는데 여기서 '흥청망청', '흥청거리다'라는 말이 생겨났다고 한다.

또 연산군 때 궁궐에서 열린 수많은 잔치가 외로운 대비들을 위하여 연산군이 개최한 '효도 잔치'이거나 세 명의 대비가 그 답례로 혹은 신하들을 위로하기 위해 열었던 잔치였다니 이 문제로 연산군만 비난할 일은 아닌 것 같다.

1614년에 쓰인 이수광의 『지봉유설』에 영산홍은 '진달래보다 늦게 피고 철쭉보다는 일찍 피는 꽃'으로 기록되어 있다. 이는 대략 4월에서 5월 초라고 볼 수 있는데 피는 시기로 봤을 때 국가표준식물목록에 '영산홍'으로 등록된 일본 사츠키와는 거리가 멀다. '사츠키'라는 말에는 '음력 5월', 즉 양력 6월이라는 뜻을 담고 있고 사츠키는 이름처럼 6월에나 꽃을 피운다. 그러니 오래전 한반도를 붉게 물들이던 영산홍과 지금 영산홍이라 불리는 식물과는 다른 품종이

라 할 수 있다.

역사책에 이름을 남겼지만 지금은 외래종과 섞여 정체성을 잃은 영산홍. 꽃 이름이 예뻐서일까? 빨갛고 예쁜 꽃이라면 여기저기 '영산홍'이라 이름 붙이다 보니 원래 영산홍은 그 존재조차 희미하다. 감당하기 어려운 유명세는 자아를 잃어버리게 하는 세상 이치의 현실판으로 보인다면 너무 심한 과장일까?

고향 혹은 이상향을 표상하는 복숭아꽃

행복과 부귀를 상징하는 복숭아나무

복숭아꽃은 대표적인 고향의 봄꽃이다. 널리 알려진 동요 '고향의 봄' 가사에도 실려 있듯이 고향의 봄 풍경에는 '복숭아꽃, 살구꽃, 아기 진달래'가 '꽃 대궐'을 이루고 있다. 하지만 요즘 봄에는 복숭아꽃, 살구꽃, 진달래 보기가 쉽지 않다. 목련, 벚꽃, 개나리가 봄꽃의 대표 자리를 차지한 지 오래다.

의리와 신뢰의 상징된 '도원결의'

복숭아나무는 옛날부터 행복과 부귀를 상징하는 나무로 여겨졌다. 혹독한 겨울을 지낸 봄이면 분홍빛 화사한 꽃을 피워 마음에 평안을 안겨주고 여름에는 달고 맛있는 과일을 제공해주니 이를 싫어할 사람은 없다. 오죽하면 신선이 산다는 '그곳'을 복숭아꽃이 만발한 '무릉도원'이라 일컬었을까. 18만 년에 해당하는 3천 갑자를 살았다는 동방삭이는 서왕모가 무제에게 선물한 복숭아 한 바구니를

혼자 다 먹어서 그렇게 오래 살았다는 전설도 있다.

전 근대에는 공부하는 선비 집에 복숭아나무를 심지 않았다고도 한다. 분홍빛 복숭아 열매가 여자의 엉덩이를 연상케 해서 성욕을 자극하고 공부에 방해된다는 이유에서였다. 복사꽃이라고도 불리는 복숭아꽃의 한자어는 도화(桃花)이다. 예전에는 화류계에 몸담거나 성적으로 문란한 행동을 하는 여성에게 "팔자에 도화살이 있다"라고 일컬었고 음란한 내용을 담은 잡지를 '도색 잡지'라 부르기도 했다. 멀쩡한 복숭아꽃과 열매가 그 생김새 때문에 편견의 희생양이 된 셈이다.

명나라 때 작가 나관중은 소설 『삼국지연의』에서 중심 인물인 유비, 관우, 장비의 인연이 시작되는 장소로 복숭아꽃밭을 설정했다. 소설에서 장비는 "내 장원 뒤에 복숭아밭이 있는데 꽃이 한창 무성하게 필 때요. 내일 밭 가운데서 천지에 제사로 알리고, 우리 셋이 의형제를 맺읍시다"라고 제안했다. 유비와 관우도 이에 흔쾌히 동의했다.

다음날, 복숭아꽃이 흐드러지게 핀 밭에서 검은 소와 흰 말 등을 제물로 준비하고 세 사람은 두 번 절하며 맹세했다. "유비, 관우, 장비는 비록 성씨는 다르더라도 의형제를 맺은즉, 같은 마음으로 힘을 합쳐서 어려운 이를 구하고 위급한 이를 도우며, 위로는 국가에 갚고 아래로는 백성들을 평안케 하겠습니다." 이들은 여기서 "한 날 한 시에 죽길 원한다"라는 소망을 나누었다. 20대 혈기방장한 청년 세 사람은 나라와 백성을 구하자는 큰 뜻 아래 하나로 뭉쳤다. 이른바 '도원결의'이다.

삼국을 통일한 사마염의 '서진'

소설의 저본이 되었던 진(晉)나라 사람 진수의 역사 『삼국지』에는 도원결의에 대한 언급은 없다. 그러나 유비와 관우, 장비가 의형제로서 "한 몸처럼 기쁨과 슬픔을 함께하고 화와 복도 같이"한다는 내용은 〈촉서〉를 비롯하여 곳곳에서 찾을 수 있다. 역사적 사실이든 소설 속 허구이든 '도원결의'는 의리와 신뢰의 상징이 되었다.

진수의 『삼국지』는 황건적의 난(184)이 일어난 후한 시대 말부터 서진이 삼국을 통일하는 3세기 말까지 약 100년의 역사를 담고 있다. 나관중의 소설도 거의 같은 시기를 시대적 배경으로 삼고 있다. 통일 왕조 한나라가 멸망하는 과정에 수많은 군벌이 등장했고 그들이 치열하게 전쟁을 치른 결과 위(魏), 촉(蜀), 오(吳) 세 나라만 남았다.

조조의 아들 조비는 220년 마지막 황제 헌제를 폐하고 한나라를 멸망케 한 후 뤄양에서 스스로 황제가 되어 위나라 건국을 선포했다. 한나라 황실의 먼 친척으로, 황숙이라 불리던 유비는 한나라의 정통성이 자신에게 있음을 내세우며 촉한의 황제가 되었다. 229년 손권도 오나라를 건국하고 황제 자리에 올랐다. 그런데 삼국을 통일한 것은 '서진'이라는 제3의 나라이다. 서진은 265년 사마염이 위나라를 멸망시키고 건국한 나라로, 서진의 천하 통일로 삼국시대는 막을 내렸다.

복숭아 농사가 잘 되었던 탁군 누상촌

수많은 인물이 등장하지만 『삼국지연의』의 중심 인물로는 촉나라 유비와 제갈량을 꼽을 수 있다. 실제 촉나라는 오나라보다 작고 위나라는 이 두 나라를 합친 것보다 훨씬 컸다. 그럼에도 불구하고 촉나라 인물을 중심으로 소설을 쓴 이유로는 작가 나관중이 한족이었고 한나라 계승을 표방한 촉한을 정통으로 보았기 때문일 것이라 추측할 수 있다.

소설 속에서 도원결의가 이뤄졌던 탁군 누상촌은 지금의 베이징

근처 하북성 탁주시에 있었다. 이 지역은 비가 적게 오고 일조량이 풍부한 편이라 복숭아 농사가 잘 되는 것으로 유명하다. 그러니 '결의'의 무대로 '도원'이 선택된 것은 자연스러운 일인 듯하다. 거기에 또 다른 의미를 더한다면 무릉도원처럼 이상향을 만들고 싶었던 세 사람의 염원을 반영한 것으로도 보인다.

기독교나 불교의 천국이나 극락은 죽은 후 내세에 갈 수 있는 곳이다. 하지만 도교에서 말하는 무릉도원은 산 사람이 생활 속에서 문득 발견하게 된다고 한다. 우리가 사는 동안 혹시라도 복숭아꽃이 만발하고 알 수 없는 향기가 진동하는, 이 세상이 아닌 듯한 아름다운 곳, 즉 무릉도원에 우연히 발을 들이면 돌아올 생각을 말고 그곳에서 행복을 누리며 살 일이다. 가족이 그리워 돌아와봤자 나를 기억하는 가족은 모두 오래전에 세상을 떠나고 알 수 없는 사람들만 남아 있을 테니 말이다. 무릉도원으로 다시 돌아갈 수 없음은 물론이다.

하늘하늘 꽃잎이 바람에 쉽게 흔들리는 아네모네
아네모네는 '오색' 꽃 피우는 구근 식물

아네모네 꽃 이름은 그리스 신화에서 동풍의 신 에우로스, 서풍의 신 제피로스, 남풍의 신 노토스, 북풍의 신 보레아스을 통틀어 일컫는 이름 '아네모이'로부터 유래되었다. 아네모네는 하늘하늘한 꽃잎이 바람에 유난히 쉽게 흔들려서 '바람꽃'이라고도 불리는데 바람의 신들 이름이 붙은 것도 이와 관련이 있을 듯하다.

구근 식물인 아네모네는 겨울 동안 알뿌리에 에너지를 저장했다가 봄에 보라, 분홍, 흰색, 빨강, 파랑 등 그야말로 '오색' 꽃을 피운다. 아네모네는 밤이나 비 오기 전에 꽃을 오므리고 해가 나면 활짝 피어난다. 유럽에서는 아네모네를 '요정의 집'이라고도 부르는데 밤이나 비 올 때 꽃잎을 오므려 요정들이 쉴 공간을 만들어준다는 상상에서 온 별명이다.

신화 속 아도니스의 핏자국에서 피어난 꽃

아네모네는 그리스 신화 속 인물 '아도니스'가 죽은 후 남은 핏자국에서 피어난 꽃이라고 한다. 아도니스의 어머니는 미르라이다. 그녀의 미모를 시샘한 여신의 저주로 미르라는 아버지와 근친상간을 저지르고 임신까지 하게 된다. 나중에 상황을 알게 된 미르라의 아버지는 수치심에 딸을 죽이려 하지만 미르라는 신들의 도움으로 몰약 나무로 변신했다. 미르라 뱃속에 있던 아기는 열 달 후 몰약 나무 껍질을 뚫고 태어났는데 그 아이가 바로 아도니스이다.

마침 근처를 지나던 아프로디테가 갓 태어난 아도니스를 발견하고 자신의 아이로 키웠다. 사냥을 좋아했던 아도니스는 큰 짐승을 조심하라는 아프로디테의 당부를 잊고 커다란 멧돼지를 쫓다가 그 엄니에 받혀 죽었다. 슬픔에 잠긴 아프로디테는 아도니스의 시신에 신들의 음료인 넥타르를 부었다. 그러자 시신은 사라지고 그 자리에

서 아네모네 한 송이가 피어났다고 한다.

아도니스 이름은 '아도니스 콤플렉스(Adonis complex)'라는 심리 용어로 널리 알려져 있다. 병적인 나르시시즘으로 분류되는 아도니스 콤플렉스는 남성들이 외모에 집착하여 생기는 강박 관념이나 우울증 따위를 말한다. 이는 미국 심리학자 해리슨 포프가 만든 개념으로, 심각한 '신체 변형 공포증'을 말한다.

자신의 외모에 병적으로 집착하는 아도니스 맨

아도니스 콤플렉스에 빠진 사람을 '아도니스 맨'이라고 하는데 이들은 특히 근육에 강한 집착을 보인다. 근육을 불리기 위해 가학에 가까울 정도로 자신의 몸을 혹사하고 거식증이나 성형 중독으로 고통받기도 한다. 이렇게 '죽도록' 애쓰지만 아도니스 맨은 대개 자존감이 낮아 자신의 외모에 만족하지 못한다. 심지어 자신보다 잘 생

졌다고 생각하는 사람을 보면 질투하고 심한 열등감과 우울감까지 느낀다.

1987년의 미국을 배경으로 만든 영화 『아메리칸 사이코』의 주인공 패트릭 베이트만(크리스찬 베일 분)은 전형적인 '아도니스 맨'이다. 27세인 그는 명문 사립고를 거쳐 하버드대학교 MBA를 졸업한, 월스트리트 금융 회사 과장이다. 이른바 '잘 나가는 미국 상류층'의 일원인 베이트만은 얼굴도 잘 생기고 신체 조건도 탁월하지만 자신의 외모에 대한 집착에서 벗어나지 못한다.

탄탄한 근육질 몸매를 만드는 헬스로 하루 일과를 시작하는 베이트만은 피부 관리, 값비싼 브랜드 옷과 향수를 사는 데 돈을 아끼지 않는다. 명함도 최고급 종이로 만들어야 직성이 풀리는 그는 겉으로는 교양과 품위를 갖춘 '신사'이다. 하지만 실제로는 최고급 식사 후 자신이 좋아하는 음악을 들으며 토막 살인을 저지르는, 잔인한 살인마이다.

하드 바디가 조명받았던 1980년대

이 영화에는 '도덕적 해이가 만연했던 1980년대 미국의 젊은 상류층 모습을 풍자한 블랙 호러 코미디'라는 설명이 붙어 있다. 1980년대는 로널드 레이건이 대통령을 지낸 시기이다. 『아메리칸 사이코』의 마지막 장면에서 베이트만이 TV에서 방영하는 로널드 레이건의 연설을 시청하는 설정도 시대상을 나타내는 요소 중 하나이다.

미국 워싱턴주립대학 교수 수전 제퍼드는 저서 『하드 바디: 레이건 시대 할리우드 영화에 나타난 남성성』에서 "레이건 시대는 몸의 시대였다"라고 주장했다. 그가 말한 '하드 바디'는 힘이 있고 강도 높은 노동이 가능하며 결단력, 충성심, 용기로 충만한 몸이다. 제퍼드는 그 무렵 발표된 〈록키〉와 〈람보〉 시리즈, 〈슈퍼맨〉, 〈레이더스〉, 〈터미네이터〉, 〈탑건〉, 〈리쎌 웨폰〉, 〈다이하드〉 등이 하드 바디를 구현한 영화라고 하였다. 근육질 배우 아널드 슈워제네거와 실베스터 스탤론이 흥행몰이를 한 것도 이 시기였다.

아네모네 꽃은 가벼운 바람에도 흔들리는, 유난히 연약한 꽃이다. 비록 신화로부터 나온 이야기이지만 그 연약한 꽃과 '하드 바디'를 추구하는 아도니스 맨이 연결되어 있다는 점이 이채롭다. 어찌 보면 겉모습 치장에 병적으로 집착하는 남성이야말로 텅 비어 있는 내면을 감추기 위해 안간힘을 쓰는, 어느 누구보다 나약한 존재일지 모른다. 1980년대에는 '하드 바디'가 조명받았다면 그로부터 수십 년이 지난 지금의 남성들은 어떤 모습을 추구하고 있을까?

16

수로부인이 탐낸 절벽 위의 철쭉꽃
신라 천 년 역사 중 최고 태평성대를 이룩한 성덕왕 시대

부인께서 암소 잡은 나의 손을 놓게 하시고

나를 부끄러워하지 않으신다면

붉은 바위 끝에 핀 꽃을 꺾어 바치겠습니다(현대어 풀이).

이 향가는 신라의 어떤 노인이 지은 '헌화가'이다. 헌화가는 『삼국유사』 권2 '수로부인조'에 실려 있는데 수로부인은 성덕왕 때 사람인 순정공의 부인이다. 강릉 태수가 된 순정공 일행은 임지로 가다가 바닷가에서 점심을 먹게 되었는데 그 주변에는 절벽이 병풍같이 둘러쳐 있었다. 그리고 까마득한 절벽 위에 철쭉꽃이 아슬아슬하게 피어 있었다.

그 철쭉꽃을 탐낸 수로부인이 꽃을 꺾어다줄 사람이 없느냐고 종자들에게 물었다. 그런데 모두 절벽이 높고 가팔라 올라갈 수 없다고 대답하였다. 마침 그 곁으로 소를 끌고 지나던 한 노인이 철쭉꽃을 꺾어와 이 헌화가와 함께 수로부인에게 바쳤다고 한다.

용궁에 다녀온 수로부인

수로부인은 '해가'라는 향가에도 등장한다. 철쭉 선물을 받은 이 틀 후 태수 일행은 바닷가로 소풍 갔는데 갑자기 해룡이 나타나 수 로부인을 바다로 끌고 들어가버렸다. 그때 또 다른 노인이 와서 "옛 말에 뭇사람의 입김은 쇠도 녹인다 했으니, 용인들 어찌 이를 두려 워하지 않겠는가. 경내 백성을 모아 노래를 부르며 막대기로 땅을 치면 나타나리라"라고 말했다.

노인 말대로 사람들이 "거북아 거북아 수로를 내놓아라, 남의 부 녀 앗아간 죄 얼마나 큰가, 네 만일 거역하고 바치지 않으면, 그물로 잡아서 구워먹고 말리라"라는 내용의 '해가'를 부르며 막대기로 땅 을 두드리자 해룡은 수로부인을 다시 육지로 데려왔다.

돌아온 수로부인에게 바닷속에서 무슨 일이 있었느냐고 순정공 이 묻자 그녀는 "칠보로 꾸민 궁전에, 음식이 달고 기름지며 향기롭

고 깨끗한 것이 인간 세상의 것이 아니었습니다"라고 대답했다. 부인의 옷에서는 이 세상에서는 맡아 보지 못한 이상한 향내가 풍겼다.

　실제 해룡이 나타났을 리 없고 사람들이 모여 노래 부르며 땅을 두드린다고 정체 모를 바다 괴물이 항복할 리도 없다. 그렇다고 그저 무의미하게 지어낸 얘기라 하기엔『삼국유사』라는 역사책의 기록이 무색해진다. 해룡이나 철쭉꽃이, 소를 끌고 지나가는 노인이, 꽃을 꺾어 바치거나 땅을 두드리는 행위가 가진 의미와 상징에 대해서는 많은 학자가 나름의 해석을 내놓고 있다.

36년 재위 동안 많은 일을 한 성덕왕

　이 향가들의 시대적 배경이 성덕왕 때라고 정확하게 제시된 것도 예사롭지 않다. 하필 성덕왕 때로 규정된 것도 또 다른 상징을 보여 주는 것은 아닐까?

성덕왕은 만파식적으로 유명한 신문왕의 둘째 아들이다. 형 효소왕이 후계자 없이 죽자 화백회의에서 성덕왕을 추대했으니 신라 통일 후 세 번째 왕이다. 그의 시대는 신라의 국운이 최고에 달했을 때라 할 수 있다.

성덕왕은 36년이라는 긴 재위 기간 많은 일을 했다. 우선 정치적 안정을 도모하였고 관료들이 제 도리를 다하도록 단속하고 독려했다. 정치의 성패가 관료들의 자질이나 복무 자세에 달려 있음을 인식한 것이다. 그는 통일로 넓어진 영토 곳곳에 수시로 민정 시찰을 다녔고 죄인에 대한 사면 조치를 자주 시행하며 민심을 다독였다.

수해와 전염병의 피해로부터 벗어나기 위해 노력했고 농업 생산력을 증대시킬 제도를 도입하여 민생 안정을 꾀했다. 외교적으로도 수완을 발휘하여 삼국 전쟁 때 적이 되었던 당나라와의 관계를 개선했다. 유교 사상과 의례를 강화하여 국가의 예법을 바로잡고 불교를 호국 종교로 자리를 굳히게 했다.

마음의 여유가 있을 때 비로소 꽃이 보인다

에밀레종이라 알려진 성덕대왕신종은 바로 이 성덕왕의 공덕을 기리기 위해 만든 종이다. 성덕왕의 아들 경덕왕이 시작하여 그 뒤를 이은 혜공왕 때 완성된 이 종은 높이 3.75m, 입지름 2.27m, 두께 11~25cm이며, 무게가 18.9t이나 된다. 이 종은 771년부터 2000년대 초반까지 1천 년 넘게 '종'으로서 역할을 충실히 해냈다.

성덕왕 시대는 신라 천 년 역사 중 최고 태평성대를 이룩한 시기로 알려진다. 그렇게 평화롭고 안정된 시대이니 순정공 일행이 임지로 가는 길 한가롭게 바닷가에 앉아 쉴 수 있었고 그 부인이 절벽 위에 피어

난 철쭉꽃을 꺾어달라는 무리한 요청을 할 수 있었던 것이다.

헌화가나 해가의 내용이 성덕왕 때 진짜 일어난 역사적 사실이라 단정짓기는 어렵다. 그보다는 성덕왕 시대에 국가의 위기를 지도자와 백성이 합심하여 현명하게 극복한 내용을 해가로, 당시의 평화롭고 한가한 분위기를 헌화가로 표현했을 수도 있다. '사랑의 즐거움'이라는 꽃말을 지닌 철쭉꽃이 그 나른한 여유를 드러내는 매체가 된 것이다.

비단 철쭉꽃만이 아니다. 어떤 꽃이든 마음의 여유가 있을 때 비로소 그 모습이 눈에 들어온다. 또 꽃의 아름다움과 향기를 만끽하는 것도 여유롭지 않으면 못할 일이다. 그래서 꽃이 있는 풍경은 평화를 나타내고 꽃과 함께 하면 그 삶도 꽃처럼 화사하고 아름다워진다. 그것이 꽃이 인간에게 전하는 마법같은 선물이라 할 수 있다.

생명과 죽음, 부활까지 모두 장식하는 백합
'나리'는 백합 전체를 아우르는 순우리말 이름

백합에 대한 가장 큰 오해는 꽃이 하얗다는 점이다. '백합'이라는 이름 때문에 생긴 오해이다. 하지만 백합(百合)의 '백'자는 흰 백(白)이 아닌 일백 백(百)자이다. 비늘잎이 100조각이 될 정도로 많은 알뿌리 모습에서 유래된 이름이라고 한다. 백합꽃의 색은 흰색을 비롯하여 빨간색, 주황색, 노란색, 분홍색, 보라색, 자주색 등 다양하다. 흔히 주황색 꽃은 '나리'라 불리는데 나리는 백합 전체를 아우르는 순우리말 이름이다.

순결과 정결, 아름다움을 상징하는 백합

백합 알뿌리에 함유된 약성은 항염, 항균, 진통 효과가 있어 백합 뿌리는 오래전부터 약재로 사용되었다. 그런데 백합꽃은 향기가 너무 진해 갇힌 공간에 함께 있으면 질식할 수 있다고 알려져 있다. 심지어 백합 향으로 살인하는 설정이 등장하는 문학 작품도 있다. 하

지만 백합 향보다는 갇힌 공간 자체가 사람을 해칠 수 있다. 백합이 아니더라도 어떤 향이든 너무 많이, 너무 오래 접하면 건강에 좋을 리 없다.

백합은 순결과 정결, 아름다움을 상징하는 꽃이며 가톨릭 문화권에서는 성모 마리아의 순결을 나타내는 상징으로 흔히 쓰인다. 백합이 성모 마리아의 꽃으로 확고한 지위를 차지한 것은 레오나르도 다빈치의 그림 '성 수태 고지'의 영향이 크다. 그림 속에서 가브리엘 천사가 마리아에게 예수의 잉태를 알리며 건넨 꽃이 백합꽃이기 때문이다.

백합은 그 외에도 수많은 그림에 등장했다. 기원전 16세기경으로 추정되는 크레타섬 크노소스 궁전 프레스코 벽화 곳곳에도 백합이 그려져 있다. 6세기 비잔틴 교회에 있는, 천국을 묘사하는 그림 속에 등장했고, 12세기 시칠리아 몬레알레 대성당 모자이크에 묘사된 창세기 셋째 날 바다와 육지가 생겨나는 장면에도 백합이 그려졌다.

1440년경 이탈리아 화가 지오반니 파올로가 그린, 에덴동산에서 추방되는 아담과 이브 그림 속에 백합이 등장한다. 백합은 죄악이 없는 에덴동산의 꽃으로, 순결의 상징으로 묘사된 것이다.

수많은 가문이 사용한 백합 문장

흰 나팔 모양의 백합은 '부활절 백합'이라 불리며 부활과 새 생명 탄생의 기쁨을 나타낸다. 로마 시대 이후 백합은 숭고한 사랑과 출산을 상징하며 결혼식 때 신부 꽃다발을 만드는 데 쓰였다. 하지만 죽은 이의 혼을 인도하는 신성한 꽃으로 여겨지며 미국과 영국 등에서는 장례식에 흰 백합을 장식한다. 백합은 생명과 죽음, 부활까지 모두를 아우르는 꽃인 셈이다.

꽃잎 세 장으로 이루어진 백합 문장은 성부, 성자, 성령 삼위일체의 상징으로 여겨져, 프랑스 카페 왕조를 비롯하여 수많은 가문의 깃

발과 문장에 쓰였다. 카페 왕조는 파리백 위그 카페가 987년 프랑크 왕으로 추대됨에서 시작되었다. 카페 왕조는 발루아, 부르봉 등 방계로 흐르긴 했지만 1789년까지 800여 년 동안 프랑스 유일의 부계 왕가로 그 위상을 지켰다. 일반 국민도 그 혈통을 인식하고 있었던 듯, 프랑스 혁명 때 루이 16세 사형 집행을 맡은 혁명군은 단두대에 오른 루이 16세에게 존칭 생략하고 '루이 카페'라고 불렀다고 한다.

카페 왕조가 파란색 바탕에 그려진 금색 백합을 왕과 왕국의 문장으로 사용하기 시작한 것은 12세기 후반부터이다. 프랑스의 중세 사학자인 미셸 파스투로에 의하면 백합 문장 사용에 특별한 이유가 있었다고 한다. 1131년, 루이 6세의 맏아들 필리프가 파리 근교에서 낙마 사고를 당했다. 돼지가 필리프의 말 다리 사이로 갑자기 뛰어들자 말은 놀라 요동쳤고 그 바람에 말에서 떨어진 필리프는 크게 다쳐 결국은 목숨을 잃었다. 2년 전 이미 대관식을 올리고 왕위를 이을 후계자로 확정되어 있던 필리프가 돼지 때문에 목숨을 잃었다는 사실은 무척 불명예스러운 일로 여겨졌다. 왕이 전쟁터에서 명예롭게 죽은 것도 아닌 데다 돼지는 불결과 탐욕의 상징이었기 때문이다.

왕조와 역사의 명예를 회복해준 전통의 표상

필리프를 대신해서 왕이 된 루이 7세는 실정을 거듭했다. 게다가 왕비와 함께 제2차 십자군에 참전했지만 크게 패했고 원정 중에 생긴 불화로 왕비와 이혼까지 하게 되었다. 이혼에 이어 왕비가 재혼하면서 프랑스 서부의 넓은 영토는 잉글랜드 플랜태저넷 왕가로 넘어가는 등 프랑스에는 악재가 거듭되었다. 이 영토에 대한 분쟁은 뒷날 영국과 프랑스 사이 백년전쟁으로 이어지기도 했다.

프랑스 왕실에서는 이 모든 불미스러운 일은 필리프를 죽음으로 몰아넣은 '악마의 돼지' 탓이라 여겼다. 왕실에서는 그 불명예스러운 죽음의 흔적을 지우고 왕조의 명예와 위신을 회복하기 위해 새로운 전기를 만들어야 했다. 루이 7세와 왕실 관계자들은 성모 마리아를 왕국의 수호자이며 '프랑스의 여왕'으로 삼았고 이전부터 마리아의 꽃으로 여겨졌던 백합, 천상의 색 파란색을 왕국 문장에 사용하기 시작했다. 자신들이 성모 마리아의 보호를 받고 있음을 강조한 것이다.

백합꽃 문양은 1179년 11월 대관식 후 새겨진 것으로 보이는 필리프 2세의 인장에서 최초로 확인된다. 이후 파란색 바탕에 그려진 백합은 1790년 혁명으로 부르봉 왕조가 무너지고 삼색기가 국기로 지정되기 이전까지 프랑스 국기로 쓰였다. 거의 1천 년 동안 여러 이름의 왕조를 거치면서 백합의 송이 수만 조금씩 바뀌었을 뿐이다. 백합은 프랑스 왕조와 역사의 명예를 회복해준 전통의 표상이 된 것이다.

'나를 잊지 마세요' 호소하는 물망초

영국 왕 헨리 4세의 문장으로 유명해진 꽃

유럽이 원산지이며 여러해살이풀인 물망초(勿忘草)의 꽃말은 '나를 잊지 마세요'다. 이름 그대로가 꽃말이다. 이름에 의미심장한 뜻을 담고 있어서인지 그에 관련된 전설도 여러 가지인데 그중에는 조물주가 등장하는 거창한 전설도 있다.

조물주가 세상을 창조할 때 꽃들을 만든 후 각기 이름을 붙여주었는데 물망초는 이름을 받지 못했다. 크기가 작은 물망초는 다른 꽃들에 가려 조물주 눈에 띄지 않았기 때문이다. 조물주가 꽃 이름 붙이는 일을 마무리하려 할 때 물망초가 "나를 잊지 마세요"라고 외쳤다. 조물주는 그제야 물망초를 발견하고 말했다.

"네 이름은 '나를 잊지 마세요'로 해야겠구나."

슬픔과 안타까운 사연 품은 애처로운 운명

물망초의 이름이 널리 알려진 것은 영국 왕 헨리 4세가 문장으로

사용한 이후부터라고 한다. 잉글랜드 랭커스터왕가의 시조인 헨리 4세는 1398년 반역 혐의로 추방되었다. 추방지 프랑스에 있는 동안 그는 자신이 잊히지 않기 바라는 마음에 물망초를 스스로 상징으로 삼았는데 잉글랜드로 돌아온 후에도 그대로 문장으로 사용한 것이다.

물망초만큼 그 꽃말이 널리 쓰이는 경우도 흔치 않다. 이 꽃은 기억해야 할 사람, 잊지 말아야 할 사건을 알리는 캠페인 소재로 자주 등장한다. 캐나다에서는 제1차 세계대전에서 목숨을 잃은 젊은이들을 기억하는 상징으로 쓰인다. 물망초는, 치매로 가족의 기억마저 놓치는 환자와 가족, 의료진의 노고를 위로하는 꽃이기도 하다. 여러 의미에서 물망초는 가련한 작은 몸 안에 슬픔과 안타까운 사연을 품고 있는 애처로운 운명의 꽃인 듯하다.

캅카스 3국 중 하나인 아르메니아 곳곳은 물망초 꽃 모양의 보라색 스티커로 장식되어 있는데 이는 1915~1918년에 일어난 아르메니아인 대학살을 잊지 말자는 뜻이라 한다. 1914년 제1차 세계대전이 일어나자 아르메니아를 지배하고 있던 오스만제국은 전쟁 치르는 데 몰두하였고 기회를 얻은 아르메니아인들은 독립을 주장하며 봉기하였다. 그런데 이듬해 4월 24일 이스탄불에서 본격적으로 학살이 시작되었다.

'인종 청소'로 의심되는 학살

오스만제국은 아르메니아 지식인들을 처형하고 18~50세 남성들을 강제로 징집했다. 이들 대부분은 혹독한 군사 훈련과 고된 노동에 시달리다가 사살되거나 굶고 병들어 죽었다. 여성과 어린이들은 시리아로 강제 이주시켰는데 그 과정에서 수많은 사람이 추위와 굶주림으로 목숨을 잃었다.

1894~1896년에도 이스탄불 등 서쪽 대도시를 중심으로 학살이 자행되었다. 러시아-투르크 전쟁을 치를 때는 기독교도인 아르메니아 사람들이 러시아 군대와 힘을 합해 무슬림을 몰아낸다는 소문이 무슬림 난민 사이에서 퍼져나갔다. 이 소문이 사실이든 거짓이든 튀르키예인을 자극하기엔 충분했다. 오스만제국 무슬림들은 아르메니아인을, 적군과 한패가 되어 언젠가는 자신들을 공격할 위험한 존재로 여기게 되었다.

1894년, 무슬림과 아르메니아인의 충돌을 오스만제국 군대가 진압하는 과정에 2만여 명이 희생되었다. 아르메니아인들은 자신들의 피해를 국제 사회에 호소했고 유럽 여러 나라는 오스만제국을 비판했다. 하지만 근본적인 해결은 이뤄지지 않은 채 같은 상황이 반복되었다.

20세기 초에 이뤄진 두 번째 학살로 사망한 아르메니아인 수는 20만 명(튀르키예 측 집계)에서 200만 명(아르메니아 측 집계)에 이르는 것

으로 추정된다. 미국 미네소타 대학 '홀로코스트 및 제노사이드 연구센터'에 따르면 학살 이전 오스만제국에 거주하던 아르메니아인은 213만 명이었는데, 이후인 1922년에는 48만여 명으로 줄어들었다고 한다. 이 수치 변화는 '인종 청소'라는 비인도적 사건이 있었다는 근거로 제시되곤 한다.

"그들을 기억하는 것은 우리의 의무다"

유럽 20여 개국은 당시 사건을 '제노사이드(인종 학살)'로 규정하고 있다. 2012년 1월 프랑스 의회는 '아르메니아인 대학살 부인 금지법'을 통과시켰고 프란치스코 교황은 바티칸 성 베드로 성당에서 열린 '아르메니아 대학살 100주년 추모 미사'에서 "20세기 최초의 인종 학살로 여겨지는 비극을 아르메니아인들이 겪었다. 그들을 기억하는 것은 우리의 의무다"라고 밝혔다.

유럽 의회는 튀르키예 정부를 상대로 '제노사이드를 인정하라'라는 결의안을 채택했고, 독일 연방 의회는 대학살 100주년 관련 결의안 문구에 '집단 학살'이라는 표현 사용을 지지한다고 선언했다. 4월 24일은 1915년 아르메니아인 집단 학살이 일어난 날로, 매년 이날에는 희생자를 추모하며 튀르키예를 비판하는 국제적 캠페인이 개최된다.

인간은 무엇이든 기억하고 잊지 않기를 원하지만 망각은 신이 인간에게 준 커다란 선물이라는 말도 있다. 기억을 뇌리에서 지울 수 없기 때문에 고통은 지속되고 그 기억은 새로운 비극을 만들어내기도 한다. 때로는 상처 치유를 위해 기억을 지워버릴 필요도 있다고 하면 너무 비정한 얘기인가? 사랑하는 사람을 잊지 말자는 물망초가 원한을 되새기는 존재가 될까 두렵기도 하다.

19

베르사유 프티 트리아농에 가득한 라일락 향기
라일락꽃을 사랑한 비운의 왕비 마리 앙투아네트

꽃의 매력을 결정하는 요소는 여러 가지이다. 장미나 목련, 양귀비처럼 겉모습에 우선 눈길이 가는 꽃이 있는가 하면 존경하는 분께 바치는 카네이션이나 눈 속에서 피어 봄을 알리는 매화처럼 그 의미가 더 크게 다가오는 꽃도 있다. 향기도 빼놓을 수 없는 매력인데 은은한 향기가 먼저 떠오르는 대표적인 꽃은 바로 라일락이다.

라일락은 온대 지방이라면 어디에서든 볼 수 있고 종류도 많다. 우리나라에서 자라는 수수꽃다리도 그 일종이고 '미스김라일락'이라는 독특한 이름의 품종도 있다. 1947년 미군정청 소속 식물채집가가 도봉산에서 라일락의 일종인 털개회나무 종자를 채취하여 개량하였는데 당시 자료 정리를 도왔던 한국인 여직원의 성을 따서 미스김라일락이라 이름 붙였다고 한다.

정략 결혼의 대표적 희생자 마리 앙투아네트

진한 향기를 널리 퍼트려 사람의 기분을 상쾌하게 해주는 라일락. 하지만 그 연보랏빛 라일락꽃을 보면 혁명의 격랑에 휩쓸려 비참하게 죽어간 프랑스 왕비 마리 앙투아네트가 떠올라 마음이 쓸쓸해진다. 마리 앙투아네트는 라일락꽃을 유난히 사랑했다고 한다. 그녀를 위해 만든 베르사유궁 내실의 커튼과 의자들이 연보랏빛으로 장식된 것도 우연은 아닌 듯하다.

마리 앙투아네트만큼 혹독한 시집살이를 겪은 여자도 드물 것이다. 그녀에게는 프랑스 국민 거의 전부가 적대적인 '시집 식구'였다. 사이가 좋지 않은 두 나라의 화해를 위해 열네 살 어린 나이에 낯선 프랑스로 시집가야 했던 오스트리아 공주 마리 앙투아네트. 그녀의 시련은 결혼 약속 때부터 예상할 수 있는 일이었다.

1770년 라일락꽃 피는 5월, 오스트리아와 프랑스 국경을 따라 흐

르는 강의 모래섬, 사람이 살지 않는 그곳에 작은 천막이 하나 차려
졌다. 엄청나게 화려한 기마 행렬의 호위를 받으며 비엔나로부터 온
마차 하나가 천막 앞에 멈춰 섰다. 마차에서 내린 앳된 소녀는 천막
안으로 들어가 조국 오스트리아에서 가져온 모든 물건을 내놓았다.

입고 있던 드레스는 물론 머리 장식, 신발, 양말, 리본, 품에 안고
온 강아지까지. 소녀는 실오라기 하나 못 걸친 알몸이 되었지만 강을
건너려면 오스트리아 물건은 단 하나도 지닐 수 없었다. 조금 후 소
녀는 프랑스 옷으로 갈아입고 천막을 나섰다. 그녀는 프랑스의 왕세
손 마담 라 도핀느 마리 앙투아네트로 다시 태어난 것이다.

가난한 사람들을 도왔던 왕비

혹독한 통과 의례를 거치고 어머니 나라의 모든 것을 버리고 왔
지만 마리 앙투아네트에 대한 시기와 질시, 험담과 조롱은 끊이지 않

았다. 그녀를 주인공으로 삼은 가짜 뉴스가 하나 만들어지면 거기에 눈덩이처럼 더 심한 가짜 뉴스가 붙어 걷잡을 수 없이 치명적인 모략으로 이어졌다.

그 대표적인 것이 빵을 달라며 굶주린 민중이 폭동을 일으키자 "빵이 없으면 케이크를 먹으면 되잖아요!"라고 마리 앙투아네트 왕비가 말했다는 것이다. 이는 안 그래도 성난 파리 시민들의 분노에 불을 질렀다. 하지만 왕비는 그런 말을 한 적이 없다. 오히려 왕비는 가난한 사람을 돕기 위해서 자신의 드레스를 팔고, 악마의 음식이라고 불린 감자에 대한 거부감을 없애기 위해 감자꽃을 머리에 꽂았다고 한다.

마리 앙투아네트는 남편 루이 16세로부터 베르사유 정원 구석의 작은 궁전 프티 트리아농을 선물 받았다. 왕비는 이 궁전을 물레방

앗간이 있는 시골처럼 꾸며놓고 라일락꽃 향기 속에서 조용히 살았다. 하지만 그녀는 호화 별장을 짓고 사치와 환락을 누린다며 구설수에 올랐다. 그녀의 사치 행각에 돈을 대느라 프랑스의 재정이 고갈되었다는 터무니없는 말도 사실처럼 돌아다녔다.

나름 검소하고 소박했던 마리 앙투아네트의 일상

혁명이 일어나고 수많은 오해와 모함이 마리 앙투아네트를 단두대로까지 몰고 갔다. 하지만 그녀의 시중을 들던 캉팡 부인은 실제 그녀의 삶은 나름 검소하고 소박했다며 "왕비는 아침 식사로 초콜릿이나 커피를 마시고 정찬 때는 흰 살코기 외에는 아무것도 먹지 않았다. 음료수도 고작 물뿐이었다. 저녁 식사 때는 고기 수프, 닭 날개 요리, 비스킷 몇 개를 물에 적셔 먹는 정도였다"라고 회고록에 썼다.

세상은 가끔, 아니 자주 전혀 예상할 수 없고 뜻하지도 않은 방향으로 흘러간다. 그리고 평범한 사람도 그 파도에 휩쓸려 감당할 수 없는 불행을 겪곤 한다. 오스트리아 작가 슈테판 츠바이크는 전기소설 『마리 앙투아네트 : 베르사유와 프랑스혁명』에서 "착한 뜻을 가지지 않은 것도, 악한 의도를 품은 것도 아니었다"라고 마리 앙투아네트의 성품을 표현했다.

"명랑하고 구김살 없던 그녀의 세계 안에 혁명이 들이닥치지 않았더라면 그녀는 수많은 다른 왕녀처럼 평범하게 인류의 기억 속에서 사라져 갔을 것"이라는 츠바이크의 말대로 예기치 못한 혁명의 세찬 소용돌이 속에서 안타깝게 희생된 마리 앙투아네트. 매년 봄 프티 트리아농 정원을 가득 채우는 라일락꽃 향기도 그녀의 영혼을 위로하기에는 턱없이 부족해 보인다.

'감사'의 뜻이 담긴 죽미령 달리아 조형물

아군에게 반격 준비할 시간 벌어준 초전

달리아(다알리아)의 원산지는 중남미이다. 16세기 멕시코에 갔던 스페인 탐험가 눈에 띈 달리아는 18세기에 유럽으로 전파되었고 이후 각국에 널리 퍼져 세계인에게 사랑받는 꽃이 되었다. 18세기 후반에는 영국의 식물학자 찰스 다윈의 연구 대상이 되어 '다윈의 국화'라 불리기도 한다.

달리아는 꽃이 크고 꽃잎도 풍성하며 색깔은 다양하고 화려하다. 그 색깔에 따라 꽃말도 여러 가지이다. 감사의 뜻이 담긴 분홍색 달리아는 감사의 선물로 제격이다. 빨간색은 열정, 애정을 의미하고 노란색은 긍정적인 에너지나 우정을 뜻하기도 한다. 오렌지색은 열정과 창의성을, 보라색은 고급스러움과 세련됨을 나타낸다.

죽미령 평화공원에서 만나는 특별한 달리아

오산 죽미령 평화공원에 가면 특별한 달리아를 만날 수 있다. 다

양한 색상의 조형물과 그 가운데 배치된 커다란 달리아 형상이다. 죽미령 평화공원은 6·25전쟁 때 죽미령 고개에서 치러진 초전과 당시 참전했던 스미스 특수 임무 부대를 기리는 시설이다.

초전은 말 그대로 미군과 북한군이 마주친 첫 번째 전투이다. 6·25전쟁에 가장 먼저 투입된 유엔군은 일본에 있던 미군 제24사단이었다. 1950년 7월 1일 제21연대 제1대대를 이끌고 부산 수영비행장에 도착한 스미스 중령은 오산 북쪽 죽미령 일대 고지에 방어 진지를 마련하고 보병과 포병으로 이루어진 특수 임무 부대를 이곳에 배치했다.

미군은 그때까지만 해도 제2차 세계대전 때 최강 독일과 일본을 이긴 승전국 군대라는 자만으로 가득 차 있었다. 그래서 '북한 공산군은 미군의 참전 사실을 알면 두려움에 빠질 것이고 미군의 모습을 실제로 보기만 해도 도망칠 것'이라고 생각했다. 한두 차례 정찰 작전을 마치면 일본으로 돌아갈 수 있으리라고 낙관적으로 생각하기도 했다.

오산 죽미령 평화공원에 설치된 달리아 조형물

미군과 북한군이 마주친 첫 번째 전투

미군과 북한군이 처음 만난 날은 7월 5일이었다. 비 내리는 새벽, 스미스 부대는 죽미령 고개 부근에 진지를 구축하고 북한군을 기다렸다. 아침 일곱 시 경 북한군 전차 여덟 대가 나타났다. 그들은 수원을 점령하고 오산으로 내려오는 중이었다. 스미스 중령은 포격을 명령했다.

그런데 소련제 T-34전차는 포탄을 맞고도 계속 움직였다. 전차가 스미스 부대 진지 600m 앞까지 다가왔을 때 미군은 75mm 무반동총으로 사격해 전차에 명중시켰다. 놀랍게도 북한군 전차는 잠시 멈칫할 뿐 계속 전진하여 고지를 향하여 올라왔다. 조금 후에는 소련제 무기로 무장한 보병과 북한군 트럭이 약 10km나 되는 긴 행렬로 나타났다.

북한군 전차는 스미스 부대의 퇴로를 차단하는 동시에 보병 진지를 짓밟고 쳐들어왔다. 방어선은 이내 무너지기 시작했다. 지원하기로 한 포병 대대와는 통신 두절 상태였고, 통신이 된다 하더라도 이미 미군 진지 안에 북한군이 쳐들어왔기 때문에 포를 쏠 수 없었다. 아군의 포탄이 적을 막아내기는커녕 적의 박격포탄과 전차 포탄이 아군의 참호 속에 떨어졌다.

미군은 이 전투에서 400여 명 부대원 중 150명이 전사하거나 행방불명되는 엄청난 피해를 입었다. 북한군 전차 두 대를 파괴했지만 그 외 30여 대는 포대 진지까지 뚫고 스미스 부대의 방어선을 지나 남쪽으로 내려갔다. 제52포병 대대는 모든 화포를 잃었고 131명 중 31명이 전사 또는 행방불명되었다.

참전 용사들의 헌신과 희생의 수혜자는 대한민국 국민

이 전투를 통해 북한은 미군의 참전을 알게 되었다. 북한은 미군이 참전하지 않거나 참전하더라도 멀리 있는 미군이 한반도에 오기 전에 전쟁을 끝낸다는 계획 아래 남침을 감행했다. 그런데 전쟁이 시작된 지 열흘 만에 미 지상군을 마주쳤다는 것은 그들의 작전에도 커다란 차질을 가져다주었다. 물론 맥아더 장군도 이 전투를 통해 북한군의 전력을 추정할 수 있게 되었다.

죽미령 초전을 적의 전력을 파악하지 못한 오만한 미군의 부끄러운 패배라고 말하는 사람도 있다. 그러나 모든 작전이 적의 고지에 깃발을 꽂아야만 성공하는 것은 아니다. 지켜야 할 곳을 지키는 방어 전투, 다른 부대가 이동할 수 있도록 시간을 끌어주는 지연 전투 등도 충분히 가치 있는 전투이다. 스미스 부대는 적에게 포위되었음

을 알고도 결코 포기하지 않았다. 최선을 다해 싸웠고 최선을 다해 적절한 시기까지 버텼다. 여섯 시간 15분 동안의 이 격전은 아군이 반격을 준비할 수 있는 시간을 벌어준 의미 있는 전투였다.

죽미령 평화공원에 달리아 조형물이 만들어진 이유는 달리아가 '감사'의 꽃말을 지니고 있기 때문이다. 보훈의 달 6월이 되면 달리아는 곳곳에 흐드러지게 피어난다. 달리아 꽃이 아니라도 우리는 조국을 위해 헌신한 분들과 함께 6·25전쟁 참전 용사들도 반드시 기억해야 한다. 머나먼 타국에 와서 목숨 걸고 싸운 그분들의 헌신과 희생의 수혜자가 우리 대한민국 국민이기 때문이다. 참전 용사들에 대한 감사의 정이 온 국민 가슴에 깊이 새겨지길 바란다.

'신의 선물'이라는 뜻을 지닌 재스민

'아랍의 봄' 불러온 튀니지 재스민 혁명

'재스민'이라는 이름을 들으면 디즈니사에서 만든 영화 〈알라딘〉의 여주인공 '재스민 공주'가 떠오른다. 원래 이 이야기는 페르시아 고전 『아라비안 나이트』 일화 중 하나이다. 원작에서의 공주 이름은 '바드룰부두르'이고 '재스민'은 디즈니사에서 탄생한 캐릭터이다. 재스민은 페르시아어의 야스민에서 온 이름으로, '신의 선물'이라는 뜻을 지니고 있다.

실업난이 원인이 된 튀니지 혁명

재스민은 이른 봄에 꽃이 피는 영춘화와 가까운 종이며 꽃이 품은 산뜻한 향은 방향제나 향수, 화장품, 비누 등의 원료로도 쓰인다. 향만 좋은 것이 아니라 생리통, 우울증, 편두통, 불면증 등을 어느 정도 덜어주는 약성도 가졌다고 한다. 일반적으로 접할 수 있는 재스민 차는 찻잎과 꽃잎을 섞어 향긋하게 만든 것으로, 중국에서는 '모리

화차', '화차'라 부른다. 원산지는 코카서스산맥, 이란, 인도 북부, 중국 서부에 걸친 넓은 지역이지만 지금 전 세계의 재스민꽃과 재스민차 대부분을 중국에서 재배하고 생산한다.

재스민은 튀니지의 나라꽃이다. 그래서 2011년 1월 14일 튀니지에서 일어난 혁명을 '재스민 혁명'이라 일컫는다. 당시 튀니지의 결정적 문제는 경제 정책 실패로 초래된 심각한 실업난이었다. 정부는 실업률이 14%라고 공표했지만 실제로는 그보다 훨씬 높았고 청년층만 따지면 25~30%에 달했다. 대학 졸업 후에도 직장을 구하지 못한 젊은이들이 거리에 넘쳐나고 물자 유통도 안 되어 도시에서는 식량 구하기조차 어려웠다. 높은 실업률, 인플레이션에 정부의 부정부패까지 더해져 국민의 불만은 최고조에 이르렀다.

대학에서 컴퓨터 공학을 전공한 26세 청년 모하메드 부아지지는 직장을 구하지 못하고 거리에서 과일을 팔며 생계를 도왔다. 하지만 노점 허가가 없었던 그는 팔고 있던 과일과 채소는 물론, 저울, 수레 등 생업 수단이었던 물품들을 단속 경찰에게 몽땅 다 빼앗기고 구타까지 당했다. 민원을 제기했지만 소용없었다. 압수당한 물건을 찾으려면 돈을 내야 했는데 생활이 어려워 거리로 나선 부아지지에게는 불가능한 일이었다. 생존권을 위협받고 억울한 일까지 겪은 부아지지는 2010년 12월 17일 주 정부 청사 앞에서 온몸에 휘발유를 끼얹고 분신 자살을 기도했다.

부아지지의 죽음으로 촉발된 민중 시위

그는 전신 화상을 입고 병원으로 옮겨졌다. 그의 가족과 주변 사람들은 항의 시위를 벌였고 이런 소식은 SNS를 타고 전 세계로 퍼져 나갔다. 심각해진 분위기를 진정시키기 위해 벤 알리 대통령이 직접 병문안까지 갔지만 부아지지는 분신 18일만인 2011년 1월 4일 결국 세상을 떠나고 말았다. 다음 날인 1월 5일 장례식이 치러지는 과정에서 경찰은 성난 군중의 행진을 막았고 이는 국민을 더욱 깊은 분노로 몰아넣었다.

시위는 전국으로 번졌고 점점 더 극렬해졌다. 무장 경찰과 군인들이 진압을 위해 시위 군중에 총을 쏘았고 사망자가 발생했다. 부아지지의 사망에 대한 항의로 시작되었던 시위는 반 정부 시위로 확대되었다. 이 과정에서 벤 알리 대통령이 부패로 얻은 호화 생활 모습이 폭로되어 시위 규모는 걷잡을 수 없을 정도로 커졌고 희생자도 늘어났다. 2월 1일 유엔인권최고대표사무소 집계 결과에 따르면 최소 219명이 죽고 510명이 다쳤다고 한다.

시위가 잦아들 기미가 보이지 않자 벤 알리 대통령은 군부에 강경 진압 명령을 내렸다. 하지만 군부는 이를 거부하였다. 더 이상 정권을 유지할 수 없었던 벤 알리는 사우디아라비아로 망명하였고 24년 동안 계속되었던 독재 정권이 무너졌다. 독재 정권을 몰아낸 이 물결은 튀니지뿐만 아니라 다른 아랍 국가로도 퍼져나갔고 이후 이집트의 무바라크 정권, 리비아의 카다피 정권을 무너뜨린 '아랍의 봄', 즉 아랍권 민주화 운동의 시초가 되었다.

SNS 타고 중국으로 전해진 혁명의 바람

재스민 혁명에서는 인터넷 매체들이 정보 공유와 확산에 중요한 역할을 했다고 한다. 재스민 혁명의 소식은 SNS를 타고 중국으로도 전해졌다. 이 영향으로 2011년 2월 중국에서도 민주화 시위가 일어났다. 그래서 이 시위를 '중국 재스민 혁명', '중국 모리화 혁명'이라 일컫기도 한다.

시위 군중은 "우리는 음식을 원하고, 일을 원하고, 집을 원한다. / 우리는 공정함을 원하고 정의를 원한다. / 정치 개혁을 주도하고 일당 독재를 끝내라! / 제한을 해제하고 언론을 해방하라! / 자유 만세, 민주 만세!"라는 구호를 외치며 거리로 나섰지만 이내 진압되었다. 유혈 사태는 일어나지 않았지만 수많은 시위자가 연행되거나 가택 연금되었다. 시위가 일어난 베이징시에서는 여러 사람이 함께 다니지 못하게 조치했다. 이후 중국 정부는 인터넷에서 '재스민', '모리화'나 '혁명' 등의 단어 검색하는 것을 검열했고 한동안은 꽃 가게에서 재스민 꽃 파는 것조차 금지했다.

튀니지를 비롯한 아랍권 사람들은 2011년 혁명을 '재스민 혁명'

이라 부르는 것을 탐탁잖게 여긴다고 한다. 이 명칭은, 혁명에 색깔 혹은 꽃 이름을 붙이는 서구 관례에 따른 것이기 때문이다. 게다가 1987년 벤 알리가 정권을 잡은 그 무혈 혁명을 이미 '재스민 혁명'이라 부르고 있기에 2011년 혁명에 대해서는 '튀니지 혁명'을 정식 명칭으로 사용하고 있다.

아름다운 꽃, 향기로운 차, 예쁘고 발랄한 공주 등의 이름이며 신의 선물이라는 뜻을 가진 '재스민'이 '혁명'이라는 단어에 얹히면 곧바로 피와 폭력, 죽음과 비극을 연상하게 된다. 성공하였든 실패하였든 혁명 과정에서 일어나는 희생은 피할 수 없기 때문이다. 물론 재스민만 그런 건 아니다. 서구에서는 그 살벌한 느낌을 순화하기 위해 꽃 이름을 넣어 혁명을 명명한 게 아닐까?

꽃은 화려하지만 연약한 풀의 운명, 작약

작약꽃 보고 고향을 그리워한 제국대장공주

꽃 모양이나 피는 시기가 비슷한 작약과 모란을 같은 식물로 아는 사람이 많다. 하지만 두 식물에는 결정적인 차이가 있다. 모란은 나무이고 작약은 여러해살이풀이라는 점이다. 작약을 함박꽃과도 혼동하기 쉽다. 작약의 '작(芍)' 자에 함박꽃의 뜻이 담겨 있기 때문이다. 그러나 두 식물은 학명이 다른 것은 물론, 작약은 미나리아재비과, 함박꽃나무는 목련과로 생물학적 분류상 과도 다르다.

우리나라, 중국, 몽골 어디서나 '고향의 꽃'

탐스럽고 색깔 고운 꽃을 피우는 작약은 우리나라를 비롯하여 중국, 몽골 등 넓은 지역에서 자란다. 작약꽃은 우리나라나 중국, 몽골 사람 누구에게나 '고향의 꽃'인 셈이다. 『고려사 열전』에는 작약꽃을 보고 고향을 그리워한 원나라 제국대장공주의 애달픈 이야기가 실려 있다.

"충렬왕 23년 5월 원나라에 갔던 왕과 공주가 귀국했는데, 때마침 수녕궁에 작약이 만발했다. 공주가 꽃 한 가지를 꺾어 오라 하여 오랫동안 손에 잡고 완상하더니 감회를 못 이겨 눈물을 흘렸다. 그 후 얼마 지나지 않아 공주는 병 들어 현성사에서 사망했는데 향년 39세였다."

고려 충렬왕의 왕비 제국대장공주는 칭기즈칸의 손자인 원나라 세조 쿠빌라이의 딸이다. 제국대장공주의 사망 소식을 들은 원나라 황제 무종은 '동헌에 핀 복숭아꽃, 오얏꽃 같던 청춘이 찬 이슬 맞은 갈대같이 갑자기 시들었다'라며 슬퍼했다. 이런 기록들 때문에 많은 사람이 공주의 죽음이 향수병 때문이었을 것이라 미루어 짐작한다.

고려의 운명을 크게 움직인 태자 왕전의 결정

1231년 시작된 몽골의 고려 침략은 30년 가까이 계속되었다. 강

화도로 도망친 고려 조정에 몽골은 개경 환도와 고려 왕의 몽골 입조를 끊임없이 요구했다. 견디다 못한 고려는 1259년 태자를 몽골 황제 앞으로 보내기로 결정했다.

훗날 고려 원종이 되는 태자 왕전은 남송을 정벌하러 간 몽골 황제 몽케를 만나러 전쟁터로 향했다. 그런데 황제가 있는 곳에 닿기도 전에 그가 죽었다는 소식을 들었다. 이때 왕전은 무척 곤란한 지경에 처했다. 몽골의 황제 계승 다툼에 휘말렸기 때문이다. 당시 몽골에서는 쿠빌라이와 그 동생 아리크부케가 황제 자리를 놓고 다투고 있었는데 왕전은 결국 쿠빌라이를 선택하고 남쪽으로 내려가 그를 만났다. 이는 고려의 운명을 크게 움직인 대단한 결정이었다.

당시 몽골의 상황을 봤을 때 황제 자리를 차지할 확률은 아리크부케가 더 높았다. 새로운 황제를 선출하는 회의 쿠릴타이는 몽골 제국의 수도 카라코룸에서 열릴 것이니 몽골 본토에 영토를 가지고 있던 아리크부케가 더 유리할 터였다. 그 상황을 알고 있던 쿠빌라이는 개평부에서 쿠릴타이를 열어 재빨리 황제에 즉위하였다.

이처럼 힘든 상황의 쿠빌라이 앞에 그동안 끈질기게 저항하던 고려의 태자가 나타난 것이다. 쿠빌라이는 크게 감동했고 새로운 수도 대도에 입성할 때 왕전과 동행했다. 다음 해 고려 왕 고종이 세상을 떠났을 때 왕전은 황제의 지원을 등에 업은 막강한 권력자가 되어 있었다. 원종이 된 왕전은 원나라 황제의 지원을 약속받았지만 고려 조정은 여전히 어지러웠고 혼란 중에 왕권까지 위협받았다. 이때 원종의 태자 왕심은 쿠빌라이의 도움으로 100년에 걸친 무신 정권을 물리쳤고 고려 조정은 개경으로 돌아올 수 있었다.

권세를 떨쳤지만 정략 결혼의 외로운 희생자

쿠빌라이는 자신의 막내딸 쿠툴룩켈미시와 고려 태자 왕심을 결혼시켰다. 이때부터 고려는 원나라의 부마국이 되었다. 아시아에서 몽골의 침략을 받고도 왕조를 온전하게 보존한 나라는 티베트와 고려뿐이다. 티베트는 몽골이 믿는 불교의 종주국으로 인정받았고 고려는 부마국이 된 덕분이다. 이후 원나라에서 여러 명의 공주가 고려로 시집 왔지만 그들은 모두 제후의 딸이었고 황제의 딸은 쿠툴룩켈미시 하나뿐이었다. 그녀는 남편 왕심이 왕위에 오른 후 제국대장공주에 봉해졌다.

1297년 제국대장공주가 세상을 떠나자 원나라에 있던 세자 왕원은 어머니의 죽음에 의혹을 품고 고려로 달려왔다. 그리고 후궁들을 비롯하여 아버지 충렬왕의 측근을 모조리 제거하고 원나라로 가버렸다. 충렬왕은 아들의 처사에 화가 나고 분했지만 참을 수밖에 없었다. 제국대장공주가 죽었으니 충렬왕은 더 이상 원나라 부마가 아

니었다. 충렬왕은 결국 쿠빌라이의 외손자이며 떠오르는 태양과 같던 아들에게 왕위를 내주고 태상왕으로 물러앉았다.

제국대장공주는 황제의 딸임을 과시하며 남편 충렬왕보다 더 강한 영향력을 행사했다. 하지만 권세를 떨친 황제의 딸이라 해도 머나먼 타국으로 시집와 외롭게 살아야 했던, 정략 결혼의 희생자라는 사실은 달라지지 않는다. 그러기에 작약꽃에 얽힌 기록은 그녀를 향수병을 못 이겨 죽어간, 가련한 여인으로 그리고 있는 것 아닐까. 꽃은 화려하지만 연약한 풀에 지나지 않는 작약의 운명이 역사 흐름에 휩쓸려 희생된 세도가 여인들의 모습과 어쩐지 닮아보인다.

비참한 전쟁의 상징 '검은 튤립'

10년에 걸친 소모전, 소련-아프가니스탄 전쟁

튤립과 함께 어우러진 장면 중 가장 익숙한 것은 풍차가 있는 네덜란드 전원 풍경이다. 실제로 네덜란드는 세계에서 튤립을 가장 많이 수출하는 나라이다.

우리가 흔히 볼 수 있는 튤립은 원예종으로 개량된 품종이고 야생 튤립의 원산지는 중앙아시아 파미르고원이다. 튤립의 원래 이름은 랄레(lale)였는데 아랍 사람들이 머리에 두르는 터번처럼 생겨서 튈벤드(Tülbend)라는 별칭이 붙었다. 이것이 라틴어(tulipa)와 프랑스어(tulipan)를 거쳐 튤립(Tulip)이라는 영어 이름으로 굳어졌다.

'터번'에서 유래된 이름, 튤립

튤립 이야기에서는 튀르키예를 빼놓을 수 없다. 튤립은 튀르키예 국화이며 튀르키예 사람들은 전통 도자기 등 예술 작품과 건축물에 튤립 문양을 많이 사용해왔다. 다양한 관상용 품종을 만들어

낸 나라도 튀르키예이다.

튀르키예 문화의 전성기, 즉 18세기 오스만제국의 아흐메트 3세가 집권한 때를 '튤립 시대'라고 칭한다. 이때 아흐메트 3세는 콘스탄티노플(지금의 이스탄불) 곳곳에 튤립을 심도록 지원했다. 그런데 아흐메트 3세를 몰아내고 즉위한 마흐무트 1세는 콘스탄티노플의 튤립을 모두 뽑아버렸다. 튤립을 사치의 상징으로 여긴 것이다. 튤립 시대에 1,500종에 이르던 품종 중 많은 부분이 이때 멸종했다.

1600년대 네덜란드로 건너간 튤립은 폭발적인 인기를 얻었다. 재배는 아직 원활치 않았는데 꽃을 찾는 사람이 많아지자 튤립 꽃값이 하늘 높은 줄 모르고 치솟았다. "1630년대 유럽에서는 튤립 한 송이를 사려면 황소 25마리가 필요했다"라는 말이 전해질 정도였다. 사람들은 앞다투어 튤립 재배 사업에 투자했고 급기야 가격이 폭락하는 사태가 발생했다. 『몬테 크리스토 백작』의 저자로 유명한 알렉산드르 뒤마는 『검은 튤립』이라는 소설에 이런 튤립 과열 투기 현상을

러시아 예카테린부르크에 설치된 '검은 튤립' 동상

묘사했다.

러시아 예카테린부르크 시내에는 또 하나의 '검은 튤립'이 있다. 이는 소련 시절 치러진 아프가니스탄과의 전쟁 희생자를 기리는 시설이다. 바닥에 주저앉은 병사 동상과 전사자 명단으로 이뤄진 구조물은 마치 튤립 꽃잎 모양처럼 보인다. 하지만 모두 검은색으로, 언뜻 보아도 무겁고 암울한 느낌이 든다.

전사자 옮기던 수송기의 별칭 '검은 튤립'

아프가니스탄 전쟁 때 '200번 화물'이라 불린 전사자를 고향으로 옮겨오던 수송기의 별칭은 '검은 튤립'이었다. 전사자 명단을 보도할 때 튤립 무늬를 테두리 장식으로 썼기 때문이다. 그래서인지 러시아 곳곳에 자리한 아프가니스탄 전쟁 희생자 추모 시설마다 검은 튤립이라는 이름이 붙어 있다.

1978년 쿠데타를 일으켜 친소 정권을 세운 아프가니스탄의 누르 모하마드 타라키 정부는 소련에 지원을 요청했다. 브레즈네프가 서기장이던 당시 소련은 1979년 12월 24일 전면 침공을 감행했다. 아프가니스탄의 수도 카불에 도착한 소련군은 대통령 하피줄라 아민을 제거하고 새 대통령을 세웠다.

1980년, 유엔총회는 소련의 아프가니스탄 개입에 반대하는 결의안을 104대 18로 통과시켰다. 무자헤딘이라는 무슬림 게릴라들의 저항도 만만치 않았다. 하지만 소련군은 철수하지 않았다. 소련은 대규모 공습을 하고 무자헤딘 반군들의 피난처가 될 만한 곳들을 파괴했으며 수백만 개의 지뢰를 매설하였다. 이 전쟁에서 100만 명 내외의 민간인이 목숨을 잃었고 수백만 명이 난민이 되었다.

강대국의 침공이라 쉽게 끝날 것이라 예상했지만 소련은 좀처럼 아프가니스탄에서 발을 빼지 못했다. 전투는 영토 전역에서 벌어졌고 원정군 소련은 군사 작전을 하면서 한편으로는 외교적 무마에도 힘써야 했다. 소련은 10년 가까운 세월 동안 엄청난 규모의 군사적·외교적 비용을 지불했고 이는 소련 붕괴의 한 원인이 되었다.

독이 든 튤립 구근까지 먹게 하는 전쟁의 비참함

1989년 소련은 아무 소득도 없이 전면 철수를 결정했다. 사람들은 아프가니스탄을 '소련의 베트남' 혹은 '곰 덫'이라 부르며 침공한 강대국의 패퇴를 비아냥거렸다. 승리한 전쟁이 아니어서인지 예카테린부르크 검은 튤립 한가운데 만들어놓은 참전 병사 동상에는 '전쟁의 피로'가 역력히 표현되어 있다.

아름다운 영화배우 오드리 헵번은 제2차 세계대전 때 먹을 것은 없고 너무도 배가 고파서 흙을 파헤쳐 벌레까지 잡아먹었다고 한다. 쓰레기통에서 음식쓰레기를 발견하면 먹고 탈이 날 것을 알면서도 환호하며 먹었고 튤립 구근까지 캐먹었다고 회고했다. 튤립 구근에 독성이 있어 인체에 해롭다는 것을 그녀도 알고 있었을 것이다. 이생의 마지막 음식이 될 수도 있지만 허기의 고통을 잠재우기 위해 먹을 수밖에 없는 상황, 그것이 전쟁 상황이다. 어떤 명분으로 시작되었든 비참하지 않은 전쟁은 없다.

24

춘궁기에 피어나 허기 달래주었던 찔레꽃

보릿고개 가뭄은 '찔레꽃 가뭄'

아주 어린 시절 어머니를 잃어 얼굴조차 기억할 수 없었던 동화작가 정채봉은 하늘나라 엄마가 휴가 나와 5분이라도 만날 수 있다면 "숨겨 놓은 세상사 중 딱 한 가지 억울했던 그 일을 일러바치고 엉엉 울겠다"라고 자신의 시에 썼다. 엄마가 없으면 위로해주고 편들어줄 사람이 없으니 서럽고 처연하다. 거기다 배까지 고프면 그 처량함과 절망스러움은 이루 말할 수 없을 것이다.

배고픈 아이들 간식이었던 달콤한 맛 찔레순

"엄마 일 가는 길에 하얀 찔레꽃 / 찔레꽃 하얀 잎은 맛도 좋지 / 배고픈 날 가만히 따먹었다오 / 엄마 엄마 부르며 따먹었다오"라는 가사도, 곡조도 구슬픈 노래가 있다. 배가 고프지만 변변하게 먹을 것도 없는 아이 곁에는 위로해줄 엄마도 없다. 가사의 그런 상황을 머릿속에 그려보면 언제라도 마음이 쓸쓸해지고 눈물이 난다.

이태선 작사, 박태준 작곡의 이 노래 제목은 '가을밤'이다. 하얀 찔레꽃은 봄에 피어나는데 제목이 가을밤이라니 조금 의아하다. 그런데 이 노래의 2절부터 4절까지 가사를 살펴보면 엄마가 "하얀 발목 바쁘게" 내게 오는 모습은 꿈일 뿐이다. 화자가 가을밤에 홀로 앉아 다시 만날 수 없는 엄마를 그리워하며 옛일을 회상하는 내용인 것이다.

찔레꽃은 모내기가 한창인 계절에 피어난다. 예전에 이 시기는, 쌀은 떨어졌지만 보리는 아직 여물기 전으로, 식량이 부족한 '보릿고개'였다. 이 무렵에는 가뭄도 자주 들었는데 이때의 가뭄을 '찔레꽃 가뭄'이라고 한다. 그런데 야산에 지천으로 피어 있는 찔레꽃 이파리를 따서 먹으면 부족하나마 허기를 달랠 수 있었고 달콤한 맛이 나는 연한 찔레 순은 아이들에게 큰 위로가 되었다.

찔레꽃에 관련된 전설도 노래 못지않게 서글프다. 고려 말 원 간섭기에 '찔레'라는 소녀가 병든 아버지와 함께 산골에서 살고 있었다. 찔레는 공녀로 원나라에 끌려갔는데 우여곡절 끝에 그리운 고향으로 간신히 돌아온다. 하지만 흩어진 가족들을 찾을 수 없었던 찔레는 상심하여 죽고 말았다. 그녀가 눈물 흘린 자리에 꽃이 피었는데 그 꽃을 찔레꽃이라 부르게 되었다는 얘기다.

비참했던 공녀들의 삶

원나라에 공녀를 보내기 시작한 것은 1275년부터이다. 주로 13세에서 16세까지 처녀들이 징발 대상이었는데 부모들은 딸이 공녀가 되는 것을 피하기 위해 열 살만 되면 혼인시키려 했다. 고려 시대 조혼 풍습이 여기서 생겨난 것이다. 물론 관청에서는 공녀로 보낼 처녀를 확보하기 위해서 갖가지 방법을 동원했다.

원나라로 간 공녀는 대부분 황실의 궁녀가 되거나 고관들의 시녀가 되었지만 노비로 팔리는 사람도 있었다. 고향과 부모 형제를 떠나

낯선 땅에 끌려가서 중노동을 하며 일생을 보내야 했던 공녀들의 삶
은 대부분 비참했다. 그래서 징발된 여자가 스스로 목숨을 끊는 일
도 자주 일어났다. 1336년 고려 사람 이곡이 원나라 황제에게 올린
상소문에는 그 처절함이 잘 드러나 있다.

"한 번 사신이 오면 나라 안이 소란하여 닭이나 개까지도 편안할
수 없습니다. …… 선발되면 그 부모나 일가친척은 서로 모여 통곡하
여 밤낮으로 곡성이 끊이지 않으며 국경에서 송별하는 데 이르러 옷
자락을 붙잡고 발을 구르며 넘어져서 길을 막고 울부짖다가 슬프고
원통하여 우물에 몸을 던져 죽는 자도 있고, 스스로 목매어 죽는 자
도 있으며 근심 걱정에 기절하는 자도 있으며 피눈물을 쏟아 눈이
먼 자도 있습니다."

공녀 출신으로 원나라 황후가 된 기씨

공녀 출신으로 원나라 황후 자리에까지 오른 사람도 있다. 궁녀였던 기씨는 원나라 순제의 총애를 받아 귀빈이 되었고 나중에 북원의 황제가 된 아들 아유르시리다르를 낳았다. 순제가 기씨를 총애하자 제1황후 타나시리는 기씨를 모질게 핍박했다.

하지만 기씨는 참고 견디며 때를 기다렸다. 타나시리 황후가 역모에 연루되어 쫓겨난 후 순제는 기씨를 황후로 책봉하려 했지만 몽골에는 황후 가문이 따로 정해져 있었다. 제1황후는 다른 여자가 되었지만 기씨는 황자의 생모이기에 제2황후가 될 수 있었다. 순제는 기황후의 오빠 기철을 비롯한 일가친척을 고위 관직에 대거 임명하였다.

기황후를 등에 업은 기씨 일족은 고려 최강의 권문세족으로 행세하면서 온갖 폐해를 저질렀다. 기철은 고려를 원나라에 복속시키려는 이른바 '입성 책동'을 주도했고 충혜왕을 내쫓는 일에도 앞장섰다. 백성들의 재물을 마구 빼앗는 것은 물론 왕까지도 손안에서 넣고 제 맘대로 주무르려 했다.

공민왕은 원나라의 영향력이 약해진 1356년 다른 친원파와 함께 기철 일족을 제거했다. 기황후는 복수를 위해 공민왕을 폐위하고 군사를 동원해 고려를 침공했다. 도와주기는커녕 자신의 조국을 망국 위기로까지 내몬 기황후는 전설에 등장하는 가련한 공녀 찔레와는 거리가 있어 보인다. 하지만 기황후라고 삶이 만만했을까. 공녀로 끌려간 이후 온갖 핍박과 음모, 시기와 암투에 시달렸음을 물론 친정이 멸문지화까지 입은 그 세월 속에서 맘졸이며 살았을 기황후. 하얀 찔레꽃은 그녀가 흘린 눈물에서도 피어났을 듯하다.

25

데이지는 햇빛 아래서만 꽃 피우는 '태양의 눈'

'데이지 소녀 광고'의 잔인한 성공

데이지는 국화과 여러해살이풀이다. 그런데 그 품종이 다양하고 비슷한 모양의 꽃이 많아 '이것이 데이지꽃'이라고 자신 있게 말하기 쉽지 않다. 특히 샤스타데이지와 마가렛, 구절초는 꽃 모양으로는 식별하기 어렵고 개화 시기나 잎 모양으로 제 이름을 찾아야 한다. 샤스타데이지는 봄에, 마가렛은 여름에, 구절초는 가을에 꽃이 핀다. 또 샤스타데이지 잎은 길쭉하고 구절초 잎은 쑥갓 모양이며 마가렛 잎 가장자리는 톱니처럼 생겼다.

데이지(daisy)는 '태양의 눈'이라는 뜻의 고대 영어에서 유래된 이름이다. 흐린 날이나 밤에는 피지 않고 햇빛이 있을 때만 피는 꽃의 특성을 이 이름이 말해준다. 데이지의 꽃봉오리와 꽃잎, 씨는 훌륭한 식재료이다. 샐러드, 샌드위치 등 채소로 만든 요리에 잘 어울리는데 꽃잎에서는 단맛이 나고 아삭아삭하게 씹히는 식감도 좋다.

데이지는 오래 전부터 약으로 쓰였고 효능이 뛰어나기로도 유명하다. 잎으로 만든 연고는 타박상 등 외상을, 잉글리시데이지 뿌리

달인 즙은 습진을 치료하는 데 도움이 되고 미백 효과가 있어 화장품 원료로 사용된다고 한다.

'데이지 소녀' 광고는 네거티브 광고의 시작이자 고전

여러 개의 꽃술을 중심으로 길다란 꽃잎들이 둥글게 붙어 있는 꽃. 이런 모양으로 비슷하게 생긴 꽃들은 봄부터 가을까지 들판이나 화단, 골목길 등 어느 곳에서나 흔히 볼 수 있다. 이 꽃잎들을 하나씩 떼며 놀던 어린 시절의 기억은 많은 사람이 공통으로 가지고 있을 것이다. 그런데 그 평화로운 '데이지 꽃잎 떼기' 놀이가 미국 국민을 경악에 빠뜨린 사건이 있었다.

1963년 케네디 대통령이 암살되면서 존슨 부통령이 대통령직을 이어받았다. 1년 후 대통령 선거가 다가왔고 상대 공화당 예비 선거와 전당대회에서 젊은 상원의원 배리 골드워터가 유력한 후보들을

물리치고 공천권을 받아냈다. 골드워터는 "소형 핵무기를 일반 폭격 무기로 삼아야 한다", "미국의 자유를 위해 핵 전쟁도 불사해야 한다"라는 등의 발언으로 평소 논란을 일으키고 있었다.

그러나 존슨 쪽에도 여러 문제가 있었다. 결정적으로, 흑인 민권운동의 강경한 옹호자인 휴버트 험프리가 부통령 후보로 지명되자 이에 반대하는 남부 사람들이 골드워터 지지로 돌아섰다. 10%대에 그치던 골드워터 지지율은 30%대까지 치솟았다. 위기감을 느낀 존슨 캠프는, 핵 사용을 껌 씹듯 쉽게 입에 담는 골드워터의 평소 언사를 광고에 이용하기로 했다.

미국 국민을 경악하게 만든 광고

광고는 세 살 정도의 귀여운 여자아이가 꽃잎을 따며 숫자를 세는 앙증맞고 평화로운 장면으로 시작된다. "하나, 둘, 셋, 넷, 다섯, 일곱, 여섯, 여섯, 여덟, 아홉” 아이가 서툴게 꽃잎 개수 아홉을 세는 순간, 10부터 카운트다운이 시작된다. 이윽고 소녀의 까만 눈동자가 클로즈업되고 그 안에서 핵 폭탄 터지는 장면이 나온다. 불기둥과 세상을 집어삼킬 듯한 무서운 화염이 제법 길게 화면을 메운다.

그 영상을 배경으로 존슨 후보의 음성이 나온다.

> “…… 세상을 신의 아이들이 살만한 곳으로 만들 것인가, 아니면 어둠 속으로 빠질 것인가. 우리는 서로 사랑해야 합니다. 그렇지 않으면 우리 모두 죽을 수밖에 없을 것입니다.”

이어서 “11월 3일, 존슨에게 투표하십시오. 집에 머무르기에는 여기에 걸린 판돈은 너무나 큽니다”라는 카피가 나오며 광고가 마무리된다.

이 광고는 1964년 9월 7일 밤 열 시 무렵 딱 한 번 방영되었다. 골드워터 캠프의 강력한 항의는 물론 “저렇게 무서운 영상을 틀면 어떻게 하느냐”라는 시청자들의 항의 전화에 백악관 측이 광고를 즉각 중지했기 때문이다. 그러나 단 한 번의 방영으로 이미 전 국민은 충격과 공포에 빠지고 말았다.

존슨의 당선은 ‘데이지 소녀 광고’ 효과

광고는 중지했지만 주요 방송사에서는 뉴스마다 이 광고를 틀었고 엄청난 효과를 본 민주당에서는 아예 골드워터를 겨냥한 광고를 시리즈로 내놓았다. 이후 ‘데이지 소녀 광고’는 정치 광고 역사에서 전설이 되었고 텔레비전 네거티브 광고의 시작이자 고전이 되었다.

　‘데이지 소녀 광고’가 방영되었을 때 골드워터의 낙선은 이미 결정된 것이나 다름없었다. 광고에는 이름 한번 거론되지 않았지만 골드워터는 득표율 61.1% 대 38.5%, 선거인단 수 486 대 52로 선거에서 참패했다. 존슨은 50개 주 중 44개 주 석권이라는, 유례없는 압승을 거두었는데 그가 이뤄낸 득표율 61.1%는 미국 역사상 어느 후보도 얻지 못한 대기록이었다.

　광고 앞부분이 유난히 평화로운 분위기였기에 뒷부분 폭발은 사람들에게 더 큰 놀라움과 공포심을 안겼다. 그런데 왜 하필 데이지였을까. 주변에서 흔히 볼 수 있는, 친근한 꽃이었기 때문일까? 광고 효과는 컸지만 사람들은 지천으로 널린 데이지꽃을 볼 때마다 한동안 그 무서운 불기둥과 화염을 떠올렸을 것이다. 이렇게 ‘데이지 소녀 광고’는 많은 사람의 평범한 일상에 깊은 트라우마를 남겼다. 참잔인한 성공이다.

수많은 사람에게 사랑받아온 '꽃 중의 꽃' 장미
장미전쟁 결과 탄생한 튜더 왕조

장미는 아주 오랜 옛날부터 동서양에 고루 퍼져 서식해온 식물로, 여러 지역의 고대 국가 벽화 등에서 재배 흔적을 찾을 수 있다. 그리스신화에서도 중요한 꽃으로 여겨지며 사랑과 아름다움의 여신 아프로디테와 연관된 이야기에 주로 등장한다. 흰 장미는 바다 거품에서 태어난 아프로디테가 첫걸음을 디딘 곳에 피어났다고 한다. 또 사냥 중 중상을 입은 연인 아도니스에게 아프로디테가 달려갔는데 장미꽃밭을 헤치고 가느라 가시에 발을 찔렸고 그녀의 피가 묻은 흰 장미는 붉은 장미가 되었다는 이야기도 있다.

장미에 대한 지나친 사랑을 담은 에피소드들

역사 시대에도 수없이 많은 장미 에피소드가 만들어졌다. 그중에는 장미에 대한 지나친 사랑을 담은 것들도 있다. 향수는 물론 목욕 제품에도 장미 향을 사용하던 클레오파트라는 애인 안토니우스가

장미를 볼 때마다 자기 생각을 하도록 자신의 거처나 연회장을 온통 장미꽃으로 장식했다. 연회장 바닥에는 거액의 돈을 들여 장미꽃잎을 산더미 같이 쌓았다는 말도 있다. 그녀의 그런 노력 덕분인지 훗날 안토니우스는 자신의 무덤에 장미꽃잎을 뿌려달라는 말을 남겼다고 한다.

로마의 폭군 네로 황제는 연회 때마다 장미 목걸이, 장미 화관 등으로 자신을 치장했고 장미 향이 들어 있는 술과 장미 푸딩 디저트를 손님상에 내놓았다. 장미 향수를 내뿜는 분수를 설치했고 초대된 손님들이 장미 향수가 섞인 수영장에서 즐길 수 있도록 했다고 한다. 수많은 기행으로 유명한 로마 황제 엘라가발루스는 손님들에게 장미꽃잎 소나기를 퍼붓는 기상천외한 장난을 계획했다. 연회장에서 갑자기 엄청난 양의 장미꽃잎이 쏟아지는 바람에 손님 중 몇 사람은 질식해 목숨을 잃었다는 말도 전한다.

장미가 오래도록 많은 사람에게 큰 사랑을 받아왔기에 이런 과도한 애착 일화 외에도 관련 에피소드는 차고도 넘친다. 품종 개량도 꾸준히 이루어졌다. 지금까지 2만 5,000여 종이 개발되었고 현존하는 것만도 6,000~7,000종에 달하며 해마다 새 품종이 200종 이상 개발된다고 한다.

장미는 연방법이 정한 미국 국화

장미는 영국 국화로 알려져 있지만 잉글랜드 지역의 상징일 뿐 영국 국화는 아니다. 장미는 연방법으로 지정한 공식적인 미국 국화이지만 이 사실을 아는 사람은 많지 않다. 1986년 11월 20일 당시 로널드 레이건 미국 대통령은 백악관 장미정원에서 장미를 미국 국화로 제정하는 선언문에 서명했다.

그런데도 15세기에 일어난 장미전쟁의 영향으로 장미를 이야기할 때면 으레 영국을 떠올리게 된다. 장미전쟁은 잉글랜드 왕 자리를

차지하기 위해 랭커스터 가문과 요크 가문이 싸운 내전이다. 요크 가문의 문장(紋章)은 하얀 장미, 랭커스터 가문의 문장은 빨간 장미였기에 후대 사람들이 전쟁 이름을 그렇게 붙인 것이다.

1455년 요크 공작 리처드가 랭커스터 왕조에 반기를 들면서 시작된 장미전쟁은 1485년 랭커스터 가문 헨리 7세가 보즈워스평원 전투에서 승리함으로써 마무리되었다. 헨리 7세는 1486년 에드워드 4세의 딸 엘리자베스와 결혼하여 요크 가문과 랭커스터 가문이 왕위를 공동으로 계승한 것으로 만들었다. 이후 1487년 반란을 일으킨 요크파 잔당을 진압함으로써 헨리 7세는 전쟁의 종지부를 확실하게 찍었다.

결혼을 통해 화합을 이룬 두 가문

두 가문은 14세기 중반 잉글랜드의 플랜태저넷 왕가 에드워드 3세의 아들들로부터 갈라져 나왔다. 전쟁 동안 서로 죽이며 치열하게 싸웠던 이들은 멀지 않은 친척 간이었던 셈이다. 장미전쟁이 끝나고 결혼을 통해 두 가문이 합쳐지면서 튜더 왕조가 탄생했는데 튜더 왕조는 두 가문의 문장 붉은 장미와 흰 장미가 합쳐진 '튜더 장미'를 문장으로 사용했다.

'내전(The Civil Wars)'이라고만 불리던 이 전쟁은 1829년 스코틀랜드의 소설가 월터 스콧의 글에서 처음으로 '장미전쟁'이라는 이름을 얻었다. 스콧은 셰익스피어의 역사극 〈헨리 6세〉에서 이름의 모티브를 얻었다고 했다. 〈헨리 6세〉 중에는 요크 가문의 요크 공작과 랭커스터 가문의 서머싯 공작이 왕궁 정원에서 논쟁을 벌이는 장면이 있다. 요크 공작이 흰 장미를 꺾으며 자신을 지지하는 귀족들은 흰 장

미를 들어달라고 요청했고, 서머싯 공작은 붉은 장미를 꺾어 지지자를 확인했다. 장미전쟁의 시작을 알리는 사건이 묘사된 것이다.

500여 년 전에 일어난 장미전쟁의 흔적은 아직도 영국 문화 곳곳에 남아 있다. 승리한 랭커스터 가문의 공작 칭호는 영국 국왕의 비공식 칭호 중 하나이다. 반면 요크 공작은 국왕의 차남에게 주어지는 칭호가 되었다. 영국 국왕 찰스 3세는 랭커스터 공작, 그의 아우인 앤드루 왕자는 요크 공작의 칭호를 가지고 있다. 지금도 랭카스터대학교와 요크대학교에서 정기적으로 열리는 스포츠 경기의 명칭은 '장미들(Roses)'이다. 이들은 '전쟁'보다는 그 결과인 '화합'으로 장미의 이름을 기억하고 있다는 느낌이 드는 사례들이다.

"꽃이 되려거든 난초가 되려무나"

은은한 꽃향기는 난초꽃의 미덕 중 하나

"꽃이 되려거든 난초가 되고 / 나무가 되려거든 솔이 되려무나 / 난초는 그윽하여 향풍이 멀리 가고 / 솔은 추워도 그 모습 아니 바꾸네."

시선(詩仙)으로 불리는 중국 당나라 때 시인 이백이 읊은 시이다. 이 시에서 보면 이백은 난초를 꽃 중 최고로 여긴 듯하다.

난초는 매화, 국화, 대나무와 더불어 '군자' 반열에까지 올랐다. 이 네 식물의 공통된 특징은 악조건 속에서도 굴하지 않고 꽃을 피우거나 꼿꼿한 자태를 잃지 않는다는 점이다. 지조와 절개를 중요하게 여겼던 유교 사회에서는 이 사군자를 가까이 두고 시로, 그림으로 표현하며 자신도 그런 고아함과 품격을 지닐 수 있도록 소망하였다.

충성심과 절개의 상징이 된 난초

난초는 의외로 널리 퍼져 있는 흔한 식물이다. 국화과와 콩과

다음으로 그 범주가 넓고 품종도 다양하다. 전 세계에 450속 1만 5,000여 종이 분포되어 있는데 우리나라에서는 39속 84종이 자라고 있다. 쉽게 동양란과 서양란으로 나누기도 하는데 대개 난초라 하면 잎이 가늘고 크기가 작은 동양란을 일컫는다.

동양란의 미덕 중 하나는 은은한 꽃 향기이다. 난초 꽃은 화려하고 탐스럽지는 않지만 어렵게 핀 한 송이의 향기는 열흘이 지나도록 실내에 가득 번진다. 인적이 드문 깊은 산중에 홀로 피어나도 변함없이 향을 내뿜는다는 점에서도 지조와 절개를 지닌 선비나 여인에 비유된다.

중국 초나라의 시인 굴원 이후 난초는 충성심과 절개의 상징으로 굳어졌다. 굴원은 '이소(離騷)'라는 장편 서사시에 "나는 이미 넓은 밭에 난을 기르고 가을 난초를 꿰어서 노리개 만들려고 꽃과 잎이 무성해지기를 기다렸으나 꽃 향기 잡초에 덮여 슬퍼라"라고 썼다. 자신이 난초를 좋아하여 넓은 지역에 가득 심었음을 여기 밝혀놓은 것이다.

불우했지만 난초를 사랑했던 굴원

‘이소’는 정칙(正則)이라는 인물의 1인칭 시점으로 묘사되고 있다. 정칙은 주군을 위해서 열심히 일했지만 간신들의 모함으로 주군과 갈등이 생긴다. 그가 슬픔, 분노, 한탄 속에서 방랑하며 신화적 환상 세계를 노래한 이 작품은 굴원 자신의 자전적 사연이라 여겨지고 있다. 사마천의 『사기』에 따르면 ‘이소’는 “근심을 만난다”라는 뜻인데, 이 작품은 『사기』뿐만 아니라 중국 고전 시가 작품집 『초사(楚辭)』에도 실려 있다.

전국시대 초나라에서 태어난 굴원은 회왕의 신임을 받아 20대에 좌도라는 중책을 맡았다. 그러나 그를 시기한 대신들의 중상모략으로 면직당하고 회왕과도 멀어졌다. 『사기』의 ‘굴원전’에는 굴원이 초나라 궁정에서 쫓겨나 유배 생활하던 중 세상에 대한 실망감을 담아 ‘이소’를 지었다고 쓰여 있다.

강남으로 유배된 굴원은 중국 후난성 북동부에 있는 동정호에 이르렀다. 머리를 풀어헤치고 호숫가를 헤매는 굴원을 보고 어부가 삼려대부를 지낸 사람이 어떻게 이곳까지 오게 되었느냐고 물었다. 굴원은 “온 세상이 더러운데 나 홀로 깨끗하고, 모든 사람이 술에 취했는데 나 홀로 취하지 않아 이렇게 되었소”라고 탄식 섞인 답변을 했다.

그러자 어부가 “성인은 만사에 엉키거나 얽매이지 않고 능히 세속과 어울려 살아갈 수 있다 했습니다. 세인이 모두 탁하다면 왜 그대는 썩는 진창 물을 더욱 어지럽게 하고 탁한 물결을 일게 하지 않으십니까? 또한 뭇사람이 모두 취해 혼몽하다면 왜 그대는 어울려 술지게미를 먹고 그 찌꺼기 술이라도 마시지 않으십니까? 무슨 까닭에 스스로 쫓겨나게 만드셨습니까?”라고 다시 물었다.

"물고기 밥이 될지언정 더러운 세상에 몸을 더럽히지는 않겠다"

이에 굴원은 "머리를 감은 사람은 반드시 관의 먼지를 털어 쓰고, 몸을 씻은 사람은 옷의 먼지를 털고 입는다고 했소. 그러니 어느 누가 청결한 몸에 더러운 먼지를 그대로 받들고 있겠소. 차라리 장강에 몸을 던져 물고기 밥이 될지언정 더러운 세상에 몸을 더럽히지는 않겠소"라고 말한 후 다시 길을 떠났다. 이는 굴원의 '어부사'에 실린 내용이다.

'이소'에는 "아! 저 신하의 무리 안락만 추구하니 / 가는 길은 험하고 좁고 어둡네. / 어찌 나 자신의 재앙을 겁내리오. / 임금의 수레 무너져 엎어질까 두렵구나"라며 나라를 걱정한 내용도 실려 있다. 회왕은 굴원의 간언을 듣지 않고 제나라와 진나라 사이에서 연합과 배신을 거듭하는 등 외교적 실책을 저지르다가 진나라에서 객사했다. 경양왕이 새로운 왕이 되었지만 이미 초나라는 헤어날 수 없는

쇠락의 길로 접어들었다. 절망과 비탄에 빠진 굴원은 스스로 돌을 품고 미뤄강(멱라강)에 몸을 던졌다.

말은 쉽지만 난초처럼 고아한 품격과 향기를 유지하며 살기는 쉽지 않다. 스스로 그 경지에 이르기도 어렵지만 세상은 깨끗한 사람을 그냥 놔두지 않고 진흙탕으로 끌고 들어간다. 이런 상황에서 고결함을 유지하려면 굴원처럼 세상을 등지는 길밖에 없는 걸까?

"창랑의 물이 맑으면 그 물로 갓끈을 씻고, 창랑의 물이 흐리거든 거기에 나의 발을 씻으리라"라는 '어부사' 구절의 의미를 새삼 깊이 생각하게 된다.

힘든 시절을 우리 국민과 함께 극복한 아까시

오해와 미움 속에도 꿋꿋하게 버텨온 아까시

만일 식물에도 감정이 있다면 아까시는 무척 억울할 것 같다. 우선 이름부터 그렇다. 원래 학명이 '로비나 슈도-아카시아(Robinia pseudo-acacia L.)'인데 종명에 들어간 '슈도(pseudo)'는 '가짜'라는 뜻이다. 이는 '진짜' 아카시아와 잎이 나는 방식이 비슷해 붙여진 이름이다. 그러니까 스웨덴의 식물학자 카를 폰 린네가 18세기에 분류하고 명명한 이 학명부터 사이비의 뜻을 담고 있다.

우리나라 기후에서 자랄 수 없는 진짜 아카시아

19세기 말 일본 사람들이 가짜 아카시아를 한반도로 들여왔다. 그때 '가짜'라는 말을 빼고 그냥 '아카시아'라고 부른 것이 지금까지 굳어진 것 같다. 원래 아카시아는 열대 지방에서 자라는 관목으로 우리나라 기후에서는 자랄 수 없는 나무이다. 꽃은 노란색이고 1년 내내 푸른 잎은 기린이나 코끼리가 좋아하는 먹이이다. 동요 '과수

원 길' 가사인 "아카시아꽃 하아얗게 핀……"은 사실상 불가능한 상황인 것이다.

우리나라 산림청과 학계에서는 노란 꽃의 '진짜' 아카시아와 하얀 꽃이 피는 '가짜' 아카시아를 구분하기 위해 가짜 아카시아에 '아까시'라는 이름을 붙였다. 이는 세계가 공통으로 쓰는 학명과 국제식물명명규약을 어긴 조치이다. 그러니까 이 나무는 처음부터 '가짜'라는 학명을 얻었고 전혀 다른 식물인 '진짜'로 오해받았으며 우리나라에서는 국제적으로 인정도 못 받는 이름으로 불리게 된 것이다. 하지만 아까시라는 새 이름이나마 제대로 부르는 사람은 거의 없다. 우리나라에서 여전히 '아카시아'라고 불리는 이 나무는 결국 이리 치이고 저리 치이는 신세가 된 셈이다.

아까시의 억울함은 여기서 그치지 않는다. 일본이 우리 산림을 훼손하기 위해 일부러 아까시나무만 골라 심었다거나 가시 때문에 나무하기도 어렵고 장작으로 태우는 것 외에는 필요가 없는 데다 번식력이 강해 다른 수종을 해치고 조상 산소까지 파고든다는 등의 소문으로 공연히 미움받는 나무가 되었다. 급기야 아무짝에 쓸모없다는 '아까시 무용론'에 모조리 뽑아버려야 한다는 주장까지 대두되었다.

사방림, 연료림 조성 나무로 활용된 아까시

그러나 우리나라는 아까시의 혜택을 유난히 많이 받은 나라이다. 아까시는 박정희 정부 시절 사방림, 연료림 조성 나무로 대거 활용되었기 때문이다. 우리나라 삼림은 일제 시대와 6·25전쟁을 겪으면서 황폐해졌다. '벌거벗은 붉은 산', '민둥산'이 된 것이다. 이승만 대통령 시절에도 삼림 녹화 사업을 진행했다. 하지만 나무를 심어 자라는 속도보다 땔감으로 쓰기 위해 나무를 베어내는 속도가 더 빨랐기에 삼림은 좀처럼 회복되지 않았다.

그런데 5·16군사정변 직후 군부는 '5대 사회악' 가운데 도벌을

포함하였다. 군부는 불법 도벌업자를 엄벌하는 한편 산림 녹화를 위한 새로운 제도를 도입하였다. 박정희 정부는 1962년 산림법을 제정하여 농촌에서는 의무적으로 연료림을 조성하도록 했다. 1967년에는 산림청을 발족하면서 아까시, 리기다 소나무, 오리나무로 사방림 조성하는 사업을 시작했다. 1970년대 초에는 제1차 치산 녹화 10개년 계획이 수립되었다. 산지 100만ha에 아까시나무 같이 빨리 자라는 나무와 밤나무 같은 유실수를 7 대 3으로 심는다는 내용이었다. 아까시나무는 놀라운 복원력과 왕성한 생명력 때문에 이 사업에 선택되었다.

녹화 사업의 1등 공신 아까시가 본격적으로 천대받기 시작한 것은 아까시나무 덕분에 산사태 걱정이 사라지고 석탄 연료 보급으로 땔감 걱정이 사라진 후부터였다. 삼림이 원상 복귀되자 사람들은 아까시를 '숲의 독재자'라 부르며 미워하기 시작한 것이다. 그러나 아카시아든 아까시든 가짜 아카시아든 그 이름이 무엇이 되었든 간에 그 나무가 아무짝에 쓸모없다는 얘기는 절대 받아들일 수 없다.

맛도 좋고 향기도 좋은 아까시 꽃

아까시나무는 봄마다 '하얗고 맛도 좋은' 꽃을 활짝 피우고 그 향기로 온 산을 물들여 사람들을 기분 좋게 해준다. 잎은 영양분이 충분하여 토끼나, 염소 먹이로 활용되었고, 그 풍성한 꽃은 벌들의 먹이가 되었다가 꿀이 되어 인간에게 돌아온다. 우리나라에서 채취되는 꿀의 70% 이상을 아까시꽃에서 얻는다니 이 나무는 양봉가의 보배인 셈이다. 게다가 왕성한 뿌리로 산의 흙을 단단하게 붙들고 있어 예나 지금이나 사방림 조성수로서의 역할을 충실히 해내고 있다. 내구성도 좋아 소품의 목재로 쓸 만하다.

그릇에 수북이 담아놓으면 흰쌀밥과도 같아 배고픈 시절 작으나마 위안이 되었던 아까시꽃. 아까시나무와 그 꽃은 우리 국민이 가난하고 힘들었던 시절을 함께 극복한 식물이다. 어려운 시절 우리에게 물질적·정신적 도움을 주었던 아까시나무의 고마움을 어찌 잊겠는가. 학명 변경까지는 힘들더라도 아카시아와는 완전히 차별된 보다 예쁜 국내용 이름을 지어주는 것은 어떨까? 무엇이든 명예 회복은 이름을 제대로 불러주는 것으로부터 시작되기 때문이다.

모래땅에서 살아가는 기구한 운명의 해당화

해어화, 해당화라 불리던 양귀비

해당화가 오래전부터 우리 땅에서 자생했다는 기록은 여기저기서 찾아볼 수 있다. 15세기 중반에 편찬된 『세종실록지리지』 중 황해도 장산곶에 대한 설명에 "3면이 바다에 임하였으며 가는 모래가 바람을 따라 무더기를 이루고, 혹은 흩어지며 어린 소나무와 해당화가 붉고 푸른 것이 서로 비친다"라고 해당화가 언급되어 있다.

시대를 더 거슬러 올라가 신라 시대 설총의 '화왕계'에 등장하는 '장미'가 장미과 식물인 해당화일 것이라는 주장도 있다. 고려 후기 문신 이규보의 문집 『동국이상국집』에도 '해당화'라는 한시가 실려 있다. "깊은 잠에 축 늘어진 해당화 / 술 취한 양귀비와 비슷하구나. / 꾀꼬리 소리에 꿈 깨어 / 다시 미소지으며 교태를 부리는구나"라는 내용이다.

양귀비는 '말을 알아듣는 꽃'

해당화는 당나라 때부터 양귀비를 상징하는 꽃으로 알려졌다.

당나라 황제 현종이 어느 날 함께 산책하려고 양귀비를 호출했다. 양귀비는 전날 마신 술이 덜 깨어 발그스레한 얼굴로 비틀거리며 나타났다. 하지만 현종의 눈에는 그 모습도 예뻐 보였다. 현종이 "왜 아직도 잠이 덜 깼느냐"라고 물으니 양귀비는 "해당화의 잠이 아직 덜 깼습니다"라고 대답했다. 그 이후로 현종은 양귀비를 해당화라 불렀다고 한다.

그림이나 조각상에 풍만하고 농염한 여인으로 표현되는 양귀비는 피부가 백옥같이 희고 노래와 춤, 비파 등 악기 연주에 두루 능했다고 한다. 또 지금 상식으로는 이해하기 어렵지만 전족으로 10cm도 채 안 되는, 손바닥에 올려놓고 놀 수 있을 정도로 작은 발도 그녀의 매력 포인트였다고 한다.

그런데 양귀비의 매력 중 핵심은 지적 대화가 가능했다는 점인 것 같다. 이는 현종이 양귀비를 '말을 알아듣는 꽃'인 '해어화'라고 불렀다는 점에서 추측해볼 수 있다. 온천욕을 즐겼던 양귀비를 위해 현종은 시안 화칭츠에 전용 온천탕을 만들어줬고 겨울에는 자신도 이곳에 머물며 정사를 돌보았다고 한다. 지금도 화칭츠에는 해당화 모양의 양귀비 전용 욕조가 보존되어 있다.

번영과 영화를 누리던 현종 시대

현종은 양귀비에 홀려 정신 못 차린 황제로 주로 기억되지만 그가 다스리던 때 당나라는 최고의 번영과 영화를 누리고 있었다. 현종은 705년 측천무후가 죽은 후 복잡한 권력 승계 과정을 거쳐 황제가 되었다. 재위 기간 그는 지나치게 팽창하고 부패의 온상이던 관료 조직을 대폭 개혁하여 황제의 권한과 국가 재정을 회복시켰다.

호구 조사를 실시하여 세수(稅收) 증대를 꾀했고 화폐 주조 시스템도 정비했다. 황실의 수입도 증가하여 백성에게 부담을 주지 않고도 북쪽 변경에 상비군을 설치할 수 있었다. 강력해진 군대로 티베트·돌궐·거란 등 외부 세력에 대한 원정을 성공적으로 진행하여 나라 안팎으로 안정을 이뤄냈다.

그런데 나라가 안정되고 번영을 누리면서 현종은 나랏일로부터 서서히 멀어지기 시작했다. 특히 여자 문제는 현종의 재위 동안 커다란 걸림돌이 되었다. 양귀비를 알기 전에는 무혜비라는 후궁이 현종에게 막대한 영향을 끼쳤다. 737년 무혜비가 세상을 떠나자 우울해진 현종을 달래기 위해 환관과 대신들은 현종의 새 애인을 찾아 나섰다.

백방으로 수소문하여 찾아낸 여인이 수왕비 양옥환이었다. 수왕은 현종이 사랑하던 후궁 무혜비의 친아들이었으니 양옥환은 현종의 며느리였다. 그러나 현종은 33세나 어린 양옥환을 보고 한눈에 반했다. 결국 양옥환은 시아버지 현종의 귀비가 되었고 그의 일생에

서 빼놓을 수 없이 중요한 여인이 되었다.

안사의 난 때 희생된 양귀비

권력자의 총애가 한 사람에게만 머물면 그 주변에는 부패가 만연하게 마련이다. 양귀비의 친척 오빠 양국충이 재상이 되면서 그 친척들이 고위 관리로 대거 등용되었다. 이런 현상에 대해 당나라 시인 백거이는 "후궁에 빼어난 미녀 3천이 있지만 / 3천의 총애가 한 사람에 머무르고 …… 자매와 형제 모두가 봉토를 갖게 되니 / 아리따운 광채가 가문에 나는구나. / 비로소 천하의 부모들이 / 아들보다 딸 낳기를 중히 여겼네"라고 읊었다.

하지만 지지 않는 꽃이 어디 있으랴. 755년 일어난 안사의 난 때 반란군은 궁지에 몰린 현종에게 양귀비 처단을 요구했고 결국 양귀비는 스스로 목숨을 끊어야 했다. 이때 현종은 장안(시안)을 탈출하여 파촉으로 피란을 떠났다. 때는 하필 장마철이었고 파촉의 잔도를 건너갈 때 세찬 비가 열흘이나 이어졌다. 현종이 이때 구슬픈 빗방울 소리를 듣고 죽은 양귀비를 그리는 마음을 노래로 만들었다는 얘기도 『동국이상국집』에 전한다.

술에 취했든 비틀거리든 현종의 눈에는 예쁘게만 보이던 '해당화'는 그토록 허망하게 지고 말았다. 바닷가 소금기를 머금은 모래 땅에서 피어나는 해당화. 꽃은 아름답지만 척박한 땅에서 가시 돋친 몸으로 살아야 하는 해당화의 운명은 참 기구해 보인다. 황제의 총애를 한 몸에 받으며 부귀영화를 누린 것 같지만 권력의 소용돌이 가운데 이리저리 휩쓸리다 맥없이 스러져간 양귀비의 인생도 해당화 못지않게 팍팍하지 않았을까?

위로를 건네는 프러시안 블루빛 수레국화

프로이센과 범게르만주의 상징이었던 푸른 꽃

　　수레국화라는 이름은 톱니 달린 수레바퀴처럼 생긴 꽃 모양에서 비롯되었다. 한해살이 또는 두해살이풀인 수레국화는 한 번 심으면 특별한 관리 없이도 잘 자라고 이듬해 수백, 수천 송이로 퍼져 들판을 푸르게 물들인다. 꽃잎은 주로 파란색이지만 흰색, 분홍색, 보라색, 빨간색, 노란색, 남보라색, 분홍과 흰색이 섞인 색 등 다양한 색으로 피어난다. 수레국화는 유럽에서 건너온 귀화 식물로 프로이센 왕국의 상징이었고 독일에서 '황제의 꽃'이라 불리기도 했다.

수레바퀴처럼 생긴 꽃 모양에서 비롯된 이름

　　수레국화는 프러시아라고도 불리는 프로이센과 여러 면에서 인연이 깊다. 우선 꽃의 색깔이 '프러시안 블루'와 비슷하다. 프러시안 블루는 현대적 합성 안료 기술로 만들어진 최초의 색상이다. 1704년경 프로이센 왕국에서 디스바흐라는 학자가 개발하였는데 당시 왕

국의 수도 이름을 따서 '베를린 블루'라 부르기도 한다.

프러시안 블루는 만들기 쉽고 가격이 싸며 인체에 해롭지 않은 염료로 물감, 잉크 등 여러 분야에서 다양하게 사용된다. 특히 옷감을 물들이는 데 많이 활용되는데 프로이센군의 군복 색깔도 프러시안 블루였다. 복사 기술이 발달하기 전 설계도면 등으로 사용되었던 청사진을 만드는 데도 프러시안 블루가 쓰였다.

19세기 초 나폴레옹이 프로이센을 공격했을 때 프로이센의 왕비는 어린 자녀들을 데리고 급히 피신하게 되었다. 그때 놀란 자녀들을 달래기 위해 주변에 피어있던 꽃으로 화관을 만들어주었는데 그 꽃이 바로 수레국화였다고 한다. 그렇게 수레국화 꽃으로 위로받은 자녀 중 한 명이 독일제국 초대 황제가 된 빌헬름 1세였다.

빌헬름 1세는 소설 '마지막 수업'의 시대적 배경이 된 프로이센-프랑스전쟁을 승리로 이끈 장본인이다. 프로이센 왕이던 그는 1871년 1월 프랑스 베르사유 궁전에서 독일제국을 선포하고 황제로 즉위하였다. 왕국과 공국, 자유 도시들로 나뉘어 있던 독일이 이때 처음 단일 국가로 통일하게 되었다. 빌헬름 1세는 이 무렵 수레국화를 황실 문장으로 정하고 황궁 정원 곳곳에 이 화초를 심었다고 한다.

범게르만주의 운동을 상징하는 꽃

이런저런 사연으로 수레국화는 프로이센을 넘어 범게르만주의 운동을 상징하는 꽃이 되었다. 1894년 이 운동을 조직한 사람은 라이프치히대학교 교수이며 제국의회 의원인 에른스트 하세였다. 그는 범독일연맹을 창립했는데 이 단체의 목표는 독일어를 사용하는 모든 지역이 독일이라는 하나의 국가로 뭉쳐 통일되는 것이었다.

범게르만주의는 슬라브 민족, 유대 민족, 자본주의를 공격 대상으로 삼았고 독일인들은 제1차 세계대전을 일으킨 것도 범게르만주의로 정당화했다. 러시아제국이 주도한 범슬라브주의도 있었는데 흔히 제1차 세계대전을 '범게르만주의와 범슬라브주의의 충돌'이라고 표현한다. 독일은 제1차 세계대전에서 패배했지만 범게르만주의는 이후 아돌프 히틀러에게 많은 영향을 끼쳤다.

나치 정권 이전의 바이마르공화국 때도 독일의 팽창을 주장하는 범게르만주의자들의 활동이 계속되었다. 이런 독일 팽창주의에 대한 실천의 일환으로 히틀러는 오스트리아와 체코슬로바키아의 독일어 사용 지역을 합병했다. 그는 결국 범게르만주의 정신으로 제2차 세계대전을 일으켰다. 하지만 1945년 독일이 전쟁에 지면서 범게르만주의도 호소력을 잃었다.

앞서 언급한 프-프전쟁으로 유럽에서 프랑스의 체면은 걷잡을 수 없이 손상되었다. 전쟁에 대한 보상으로 알토란 같은 알사스-로렌 지방을 빼앗긴 데다 프랑스 왕실의 안방인 베르사유 궁전에서 독일 황제가 제국을 선포하고 즉위식을 거행하는 수모까지 겪어야 했다. 이 일이 아니더라도 국경을 맞대고 있는 프랑스와 독일은 오랫동안 앙숙이었다.

유럽 현충일에 프랑스 거리 메우는 수레국화

그런데 독일의 꽃이나 다름없는 수레국화는 프랑스에서도 그 의미가 크다. 영국과 프랑스, 벨기에 등 유럽의 국가들과 영연방 국가들은 1918년 제1차 세계대전이 끝난 날짜인 11월 11일을 현충일로 기념하고 있다. 해마다 현충일이 되면 유럽 사람들은 붉은 양귀비꽃 모양의 배지를 옷에 달고 다니며 그날을 '포피(양귀비)데이'라고 부르

기도 한다.

특이하게 프랑스에서는 이날 붉은 양귀비가 아니라 푸른색 수레국화가 거리에 가득 찬다. 제1차 세계대전 때 프랑스 군인들이 파란 군복을 입었던 까닭에 프랑스에서는 참전 군인들을 블루에(Bleuet)라고 부른다. 파란색 군복을 입은 프랑스 군인들이 전장에서 파랗게 핀 수레국화를 보며 위안을 얻었고 이런 연유로 수레국화는 프랑스군을 상징하게 되었다.

이렇게 보면 어느 나라든 어느 시대든 어느 연령이든 수레국화는 사람들에게 위로와 안정을 주는 꽃임에 틀림없다. 들판에 가득 피어 있는 수레국화 무리는 멀리서 보면 신비로운 푸른색 융단이 펼쳐진 것처럼 보인다. 프러시안 블루빛 수레국화에 얽힌 사연은 다양하지만 앞으로도 많은 사람이 수레국화꽃을 보고 마음의 평안을 얻기를 기원한다.

장마철에 만나는 탐스러운 꽃, 수국

수국에 자양화라는 이름을 붙여준 백거이

물을 유난히 좋아하는 식물 수국(水菊)은 장마철 즈음에 꽃을 피운다. 이름에 물 수(水) 자가 들어가 있고 영어 이름 하이드레인저(Hydrangea)가 '물그릇'이라는 뜻의 라틴어에서 왔다는 점만으로도 수국의 특성을 짐작할 수 있다. 산수국을 개량한 관상용 수국 꽃은 암술과 수술이 퇴화한 무성화이다. 겉모습은 탐스럽지만 활발한 번식을 위해 벌이나 나비 등 벌레를 유인하려는 '헛꽃'이다. '씨 없는 수박'과도 같은 관상용 수국에는 향기도 없다.

토양 성분에 따라 꽃 색깔 결정

처음에 수국 꽃은 초록빛을 띤 흰색으로 피어난다. 하지만 점차 파란색, 보라색 등으로 변하는데 이 색 변화는 식물 자체의 작용이 아니다. 수국 꽃 색은 토양 성분, 즉 토양의 pH(수소이온농도, 산도)에 따라 달라진다. 토양의 알칼리 성분이 강하면 분홍빛을, 산성이 강하

면 남색을 띠고 보라색, 자주색, 붉은색, 자주색으로 변하기도 한다. 이렇게 꽃 색깔이 다양하게 바뀌어서인지 수국의 꽃말에는 '변덕, 변심'이 포함되어 있다.

당나라의 시인 백거이는 항저우 자사로 있을 때 어느 사찰에서 수국을 처음 보고 "어느 때인가 신선단에 심었던 것을 / 머지않아 불국토에 심어놓았구나 / 사람 중에 있어도 너를 몰라보니 / 너에게 자양화라 이름 지어준다"라는 시를 지었다. 그가 '보랏빛 태양의 꽃'이란 뜻의 '자양화(紫陽花)'라는 이름을 수국에 붙여준 것이다.

스물아홉 살에 과거에 급제하여 관리가 된 백거이는 808년 황제에게 직접 간언할 수 있는 자리에 임명되었다. 그는 이때 여러 편의 시를 써서 황제와 관리들의 잘못과 사회의 병폐를 지적했다. 그런 그의 주장은 권력을 가진 기득권자들은 물론 황제 현종까지 불편하게

만들었다. 직급이 강등된 그는 어머니와 딸의 사망을 계기로 관직을
떠나 고향으로 돌아갔다.

당대 사회 풍자 시를 많이 쓴 백거이

오래지 않아 백거이는 다시 임용되어 태자를 보필하는 자리에
올랐다. 그러나 상황은 예전과 다르지 않았다. 백거이는 부조리를
바로잡기 위해 노력했지만 그의 언행은 많은 사람의 공격을 받았다.
백거이를 미워하는 조정 대신들은 터무니없는 유언비어도 유포했
다. "백거이의 어머니는 꽃을 보려다가 우물에 빠져 숨을 거뒀는데
이는 백거이가 부모를 잘 모시지 못해서다. 그럼에도 불구하고 백거
이는 '상화(賞花, 꽃놀이)'나 '신정(新井, 새 우물)' 등의 시를 지었다. 이는
불효의 극치다"라는 내용이었다. 이때 백거이는 장쑤성 지방 관리로
좌천되었고 이후 정치 문제에 대한 언급을 자제하게 되었다.

백거이는 3,800여 수의 시를 남겼다. 그는 자신의 시를 풍유시,
한적시, 감상시, 잡률시로 스스로 분류했다. 그의 작품들의 특징은
어휘와 문장의 구성이 쉬우면서도 내용에는 날카로운 풍자와 비판
을 담고 있다는 것이다. 그 덕분에 백거이의 시는 계층을 막론하고
큰 인기를 끌었다.

백거이의 작품 중 특히 풍유시들은 당대를 이해하는 자료로도
그 의미가 크다. 그는 과중한 세금, 관리들의 횡포, 권력층의 호사스
러운 생활, 부역의 고통 등 정치·사회·생활상과 그에 대한 비판을 직
설적으로 작품에 담았다. 권력을 가진 자들에 맞서기를 두려워하지
않고 백성들의 어려움을 대변했다.

시의 신선이라 불린 당나라 시인 이백은 시를 쓸 때 술 한 잔 마

시고 단번에 써내려갔고 시의 성인 두보는 열 번을 손질했다고 한다. 그런데 백거이는 시를 탈고할 때마다 글 모르는 노파에게 들려주었고 만약 노파가 무슨 얘기인지 모르겠다고 하면 그녀가 뜻을 알 때까지 몇 번이고 고쳤다고 한다. 그만큼 그의 시는 쉽고 대중적이며 서민이 받아들일 만한 내용으로 만들어졌다는 얘기이다.

'비익연리'라는 비유로 유명한 '장한가'

젊은 시절 백거이는 현종과 양귀비의 사랑과 이별을 담은 장편시 '장한가'를 썼다. 이는 길이길이 화제가 되는 명작인데 '장한가' 마지막 연에는 "하늘에서 만난다면 비익조(比翼鳥, 날개가 하나뿐이라 한 쌍이 되어야 서로 의지하여 날 수 있는 상상의 새)가 되기를 원했고, 땅에서 만난다면 연리지(連理枝, 뿌리가 다른 나뭇가지들이 서로 엉켜 한 나무처럼 자라는 것)가 되기를 바랐지"라는 유명한 구절이 있다. 두 사람의 사랑을 절절하게 비유한 이 표현은 지금도 비익연리(比翼連理)란 사자성어로 쓰이고 있다.

윤흥길의 소설 '장마'에서 장마는 전쟁이 계속되는, 고통스럽고 불행한 시기를 상징한다고 했다. 이 소설이 아니더라도 장마철은 꿉꿉하고 활동하기에 불편하여 빨리 벗어나고 싶은 기간이다. 하지만 수국은 그 장마철을 기다려 아름답고 활기차게 피어난다. 하늘에 구멍이 뚫린 듯 쏟아지는 빗속에서도 탐스러운 자태를 뽐내는 수국은, 거의 모든 세상일이 무조건 나쁘기만 하거나 좋기만 한 것은 아니라고 말해주는 듯하다. 수국에 '자양화'라는 당당한 이름을 붙여준 백거이도 그런 생각을 위안 삼아 험난한 세상을 헤치며 그 평탄치 않은 삶을 극복했을 것 같다.

꼿꼿이 선 줄기에서 태양같이 밝게 웃는 접시꽃
접시꽃에 자신의 불운을 투영한 최치원

모양이 접시를 닮았다 해서 붙여진 이름, 접시꽃. 그렇다고 평평하게 가로 놓인 접시를 떠올리면 안 된다. 접시꽃은 줄기를 벽 삼아 기댄, 세워놓은 접시처럼 생겼다. 키 크고 싱싱하게 곧추선 줄기에 당당하게 매달린 접시꽃은 생명력이 넘쳐 보인다. '촉규화'라고도 불린 접시꽃은 마을 어귀, 도심의 작은 화단, 담장 안팎 등 장소를 가리지 않고 잘 자라나는 적응성 좋은 식물이다.

"접시꽃, 사람들에게 버림받아도 참고 견디네"

신라의 학자 최치원은 돌보지 않아도 잘 자라는 접시꽃의 특성을 포착하여 한시를 지었다. 꽃을 소재로 시가를 지을 때는 그 아름다움을 예찬하는 경우가 많다. 그런데 최치원은 접시꽃에 감정 이입하여 신분의 한계 때문에 날개를 펼 수 없었던 자신의 불운을 한탄했다. 시의 구절구절에 자신의 마음속 생각을 다 드러낸 셈이다.

"적막하고 거친 밭가에 접시꽃 / 무성한 꽃송이 여린 가지를 눌렀네 / 날리는 향기에 유월 비마저 그치고 / 바람에 고개 숙인 보리 그림자 기우네 / 수레와 말 탄 사람 그 누가 보아주리 / 벌 나비만 부질없이 엿보네 / 천한 땅에 태어난 것이 스스로 부끄러워 / 사람들에게 버림받아도 참고 견디네"

868년 당나라로 유학 간 최치원은 18세에 외국인 대상으로 치러진 과거 빈공과에 장원 급제했다. 농민 반란인 황소(黃巢)의 난이 일어난 후 880년에 그는 당나라 관리 종사관이 되었다. 문서 작성 업무를 맡아 4년 동안 1만여 편의 글을 써낸 최치원은 문장가로서 이름을 알리게 되었다.

그 무렵 최치원은 반란군의 우두머리 황소를 나무라고 회유하는 내용의 '토황소격문'을 썼다. 이 격문을 읽은 황소가 너무 놀라 침상에 주저앉았다는 이야기가 있을 정도로 그 내용은 담대하고 문장은 힘이 넘쳤다. '토황소격문'으로 최치원은 당나라에서 높은 평가를 받았고 승진도 했다. 그 격문의 힘이었는지는 알 수 없지만 얼마 후 수세에 몰린 황소가 스스로 목숨을 끊으면서 반란이 진압되었다.

885년 신라로 돌아왔을 때 최치원의 나이는 28세였다. 그는 헌강왕에게 발탁되어 외교 문서 등을 작성하는 문장가의 일을 맡았다. 왕명을 받아 일하면서 문장가로서 능력을 인정받았지만 거기까지가 한계였다. 신라에는 골품제라는 엄격한 신분제도가 있었는데 최치원은 귀족이 아닌 6두품이었기에 자신의 실력을 발휘할 수 있는 벼슬에 오를 수 없었다.

심지어 당시 신라는 망국으로 치닫고 있었다. 개혁이나 새로운 제도의 도입을 내놓는 그의 주장이 받아들여질 분위기도 아니었다. 그래도 최치원은 진성여왕에게 시무책을 올렸다. 그 확실한 내용은 알 수 없지만 진골 독점의 귀족 정치를 비판하는 내용이었을 것이라 짐작된다. 이 시무책을 받아들인 진성여왕은 최치원을 6두품의 최고 벼슬인 아찬에 임명했다. 그러나 진골의 반발이 심했는지 시무책은 실행되지 못했다.

외롭고 적막한 심경이 드러난 '추야우중'

낙담한 최치원은 관직에서 물러나 산속에 은거하거나 여러 곳을

유람하며 말년을 보냈다. 그의 시 중 "산은 세속을 떠나려 하지 않는
데 세속은 산을 떠나려 한다"라는 구절에서 속리산의 이름이 생겨났
다는 설도 있고 그가 가야산에서 쓴 시 '추야우중(秋夜雨中)'은 고교
교과서에도 실릴 정도로 유명하다.

"가을 바람에 힘들여 읊지만 / 세상에는 나를 알아주는 이 없네.
/ 창 밖엔 깊은 밤 비 내리는데 / 등불 앞에는 만 리 밖으로 내닫는
이 마음"이라는 내용의 '추야우중'. 비 내리는 차가운 가을 밤을 배
경으로 한 이 시에는 최치원이 얼마나 외롭고 적막한 나날을 보냈는
지 여실히 드러나 있다.

웬만큼 벼슬에 올랐고 왕의 인정도 받았으니 그 정도면 되지 않
았느냐고 생각할 수도 있다. 또 그가 귀족으로 태어나 원하는 벼슬
에 올랐다고 반드시 세상을 바꾸고 망해가는 나라를 구했으리라는
보장도 없다. 어찌 보면 자신이 특별한 일을 할 수 있다는 자만이 스
스로를 괴롭혔을 수도 있다. 이유야 어떻든 그가 겪은 아픔과 좌절

까지 부정할 수는 없다.

최치원은 상처 입은 자신의 처지를 접시꽃에 투영하여 서글픈 시를 지었지만 접시꽃은 오늘도 당당하게 그 자태를 뽐내고 있다. 접시꽃은 무덤가에 피었다가 잊히고 마는, '사람들에게 버림받은' 망각의 꽃이 아니다. 생활 공간 가까운 곳에서 줄기를 꼿꼿이 세우고 강한 생명의 에너지를 전하는 태양 같은 꽃이다. 길을 가다가 그런 꽃을 만나면 "아, 접시꽃이 예쁘게 피었구나"라고 한 마디쯤 건네볼 일이다. 그러면 접시꽃은 내년에도 그 이후에도 할머니같이 후덕한 얼굴로 우리를 반길 것이다.

접근을 경계하듯 가시 돋힌 엉겅퀴

스코틀랜드 저항 정신의 상징, 엉겅퀴

엉겅퀴는 국화과의 여러해살이풀이다. 하지만 엉겅퀴의 정체성은 단연 사납게 돋아난 가시에서 찾을 수 있다. 얼핏 민들레와 비슷하게 생긴 엉겅퀴에 초여름이면 보라색 꽃이 피는데 들여다보면 꽃송이를 빼놓고는 엉겅퀴 전체가 억센 가시로 뒤덮여 있다. 엉겅퀴 가시가 맨살이 닿으면 쓰라린 아픔을 겪게 된다. 가까이 다가가는 사람을 경계하는 듯하다.

안데르센 동화 '엉겅퀴가 겪은 일'의 주인공

사나운 가시를 가진 겉모습과는 안 어울리는 듯하지만 엉겅퀴는 피를 그치게 하는 효능이 있어 민간요법에 쓰여왔다고 한다. 가시 때문에 식용으로 적합하지 않을 것 같아도 가시가 나기 전인 4월쯤에는 여린 잎을 데쳐서 나물로 먹기도 한다. 국으로 끓여 먹을 수 있을 정도로 부드러운 엉겅퀴도 있다. 울릉도가 원산지인 '섬엉겅퀴'이

다. 그런데 물엉겅퀴라고도 불리는 섬엉겅퀴를 육지로 가져와 기르
면 가시가 억세져서 먹을 수 없다고 한다. 울릉도에는 천적이 없어 가
시를 돋게 할 이유가 없지만 육지로 나오면 상황이 달라지기 때문에
생기는 현상이라고 한다.

안데르센의 동화 '백조 왕자'의 주인공 알리사 공주는 오빠들을
저주에서 구하기 위해 가시 돋은 풀을 재료로 옷을 짠다. 그 풀이 엉
겅퀴로 알려지기도 했지만 원래 재료는 쐐기풀이다. 우리나라에서
쐐기풀보다는 엉겅퀴가 더 흔하므로 편의상 그렇게 내용을 바꾼, 새
로운 버전의 동화가 만들어졌을 뿐이다.

안데르센의 동화 중에 '엉겅퀴가 겪은 일'이라는 작품이 있다. 자
신의 꽃봉오리를 누군가 따가기를 기다리는 엉겅퀴 시점의 이야기이
다. 어느 부잣집 정원에서 열린 큰 파티에 스코틀랜드 아가씨가 왔는
데 엉겅퀴는 자기네 나라 꽃이라며 그 집 아들에게 엉겅퀴를 따 달
라고 부탁했다. 그러자 그는 손이 가시에 찔리는 것도 참고 엉겅퀴

꽃을 꺾어준다는 내용이 동화에 나온다. 그러니 엉겅퀴가 자신의 조상이 스코틀랜드 고귀한 가문에서 왔을 것이라 생각할 만도 하다. 이 동화에서 엉겅퀴와 함께 등장한 쐐기풀은 스스로 훌륭한 옷감이 될 것이라는 망상에 빠지는데 이는 '백조 왕자'를 떠올리게 하는 작가의 장치로 보인다.

적의 침략으로부터 나라를 구한 고마운 식물

실제로 엉겅퀴는 스코틀랜드와 밀접한 관계가 있다. 중세, 스코틀랜드를 밤에 기습하려던 노르웨이 군사가 엉겅퀴에 찔려 비명을 지른 통에 스코틀랜드 병사들이 잠에서 깨어 노르웨이군을 물리쳤다는 이야기가 전해진다. 이 일화가 언제 일어난 어떤 전쟁의 상황인지는 분명치 않다. 심지어 적으로 노르웨이는 물론, 덴마크, 색슨족, 잉글랜드까지 거론된다. 비교적 믿을 만한 스코틀랜드 관광청 자료에는 '북유럽 군대'라고 얼버무려져 있다. 아마도 지금의 국경선이 만들어지기 전 스칸디나비아 반도를 중심으로 활동하던 바이킹의 침략을 일컫는 것이 아닐까?

스코틀랜드에 바이킹이 침략한 기록은 제대로 남아 있지 않다. 애당초 기록이 원활치 않은 시대였고 세월이 많이 흐른 탓도 있지만 무엇보다 기록의 보고였던 수도원들을 바이킹이 불태워버렸기 때문이다. 수도원은 막대한 부가 쌓인 곳이었기에 침략자의 집중 공략을 당할 수밖에 없었다. 그 과정에 글을 쓰고 읽을 수 있는 흔치 않은 인력이던 수도사들도 거의 전멸되다시피 했으니 기록이 남아 있을 것을 기대하기는 더욱 어렵다.

바이킹은 866년 스코틀랜드의 핵심인 노섬브리아 왕국을 공격했다. 그곳에는 앵글로색슨족이 살고 있었는데 바이킹은 앵글로색슨족을 학살하고 왕국을 멸망시켰다. 이후 이 영토는 스코틀랜드인 차지가 되었고 원주민인 픽트인, 게일인, 앵글로색슨인 등은 굳게 단결하여 이 땅에서 바이킹을 몰아내고 알바 왕국을 확립했다. 알바 왕국은 스코틀랜드 지역 최초의 제대로 된 왕국이며 스코틀랜드 왕국의 전신이라 할 수 있다. 위의 일화가 이 무렵 일어난 일이라고 특정할 수는 없다. 물론 이후에도 스코틀랜드는 북유럽 나라들의 침략을 여러 차례 겪었다.

최고위 기사 훈장에 새겨진 엉겅퀴꽃

나라를 구한 식물임을 인정받아서일까, 엉겅퀴는 지금도 스코틀랜드 국화, 스코틀랜드 럭비 국가대표팀 상징물, 경찰관 제복 휘장 등 여러 곳에서 스코틀랜드인의 용기와 명예를 드러내고 있다.

14세기 스코틀랜드가 잉글랜드에 맞서 독립 전쟁을 치를 때도 엉겅
퀴가 스코틀랜드 저항 정신의 상징물로 사용되었음은 당연한 일이
다. 1470년 제임스 3세가 발행한 은화에 왕실의 상징으로 새겨졌고
1687년에는 최고위 기사 훈장으로 '엉겅퀴 훈장(Order of the Thistle)'이
제정되어 오늘날까지 권위 있는 훈장 중 하나로 여겨지고 있다.

'엉겅퀴 훈장'에는 엉겅퀴꽃과 함께 "나를 화나게 하는 자는 용
서치 않으리라(Nemo me impune lacessit)"라는 글귀가 새겨져 있다고 한
다. '건드리지 마세요'라는 엉겅퀴 꽃말과도 일맥상통하는 듯하다.
사나운 가시를 지녔지만 충성과 용기를 담은 근성의 상징이 된 엉겅
퀴, 나라를 위해, 정의의 실현을 위해 가시를 벼리는 엉겅퀴의 의기
는 본받을 만하다.

34

참 고마운 구황 식물이었던 메꽃

중병 걸린 일본 쇼무 천황을 치료한 약재

"햇볕은 쨍쨍 모래알은 반짝 / 모래알로 떡 해놓고 / 조약돌로 소반 지어 / 언니 누나 모셔다가 맛있게도 냠냠"

이는 '햇볕은 쨍쨍'이라는 동요의 1절 가사이다. 기성 세대 귀에는 익숙하게 들릴 이 동요 가사에는 화창한 날씨에 소꿉장난하는 아이들의 평화로운 모습이 담겨 있다. 그런데 2절의 "호미 들고 괭이 메고 / 뻗어가는 메를 캐어"라는 가사에서는 먹을 것도 제대로 마련하기 어려웠던 혹독한 가난의 상황을 엿볼 수 있다.

여러 가지 질환 치유의 약재로도 알려진 메꽃

이 가사에 실린 '메'는 여름철 흔히 만날 수 있는 메꽃의 땅속 줄기를 말한다. 메꽃의 하얀 땅속 줄기는 녹말을 많이 함유하고 있어 춘궁기에는 식량이 되기도 했다. 살짝 달콤한 맛을 내는 땅속 줄기

는 날로도 먹을 수 있다. 또 고구마처럼 찌거나 삶아서, 혹은 곡식을 조금 섞어 죽으로 끓여 먹기도 했다. 땅속 줄기는 번식력이 왕성해서 줄기를 반으로 갈라 다른 곳에 옮겨 심어도 쉽게 싹이 트는 데다 어린 순은 나물로 먹을 수도 있었으니 메꽃은 참 고마운 구황 식물이 었던 것이다.

수년 전 동요 가사를 알아맞히는 텔레비전 예능 프로그램에 이 노래가 등장한 적도 있었는데 출연자들은 '메를 캐어'를 끝내 맞추지 못했다. 먹을 것이 넘쳐나고 영양 과잉을 오히려 걱정해야 하는 요즘 시대에 메꽃 땅속 줄기를 캐어 먹은 극빈의 상황을 상상하기는 어려웠을 것이다.

메꽃은 약재로도 알려져 있다. 혈압과 혈당치를 낮춰주는 효능이 있어 고혈압, 당뇨병의 예방과 치료에 효과가 있다고 한다. 또 메꽃 땅속 줄기는 기력 회복에 도움이 되며 방광염, 요실금에 효과가 있고 남성 정력 증강을 돕는다는 기록도 있다. 이 외에도 콩팥 기능을 향상시키고 피부 결이 고와지게 하는 등 그 효능은 믿기 어려울 정도로 다양하다.

일본에서도 오래전부터 메꽃이 약으로 쓰였다고 한다. 8세기 제45대 일본 천황 쇼무가 중병에 걸렸을 때 이 식물을 이용한 약을 먹고 완전히 회복되었다는 설과 함께 메꽃의 치유력은 더욱 유명해졌다.

나라 도다이지를 세운 쇼무 천황

24세에 즉위한 쇼무 천황[聖武天皇]은 후지와라 집안에서 황후를 맞이했는데 이 황후가 코묘 황후로, 그녀는 황족이 아닌 일반 귀족 집안 출신 최초의 황후였다. 쇼무는 황태자가 요절한 후 장녀 나베 내친왕을 후계자로 삼았다. 코묘 황후 외의 다른 부인에게서 낳은 아들이 있었지만 딸을 후계자로 삼은 것은 당시 세력을 떨치고 있던 후지와라 집안의 영향력 때문으로 보인다. 후지와라 집안에서는 자신들의 혈통을 이어받은 황족이 천황 자리를 이어야 한다는 강력한 의지를 지니고 있었던 것이다.

쇼무 시대에는 자연 재해가 많이 일어난 데다 천연두까지 유행했다. 쇼무는 거듭되는 재앙을 피하기 위해 수도를 이리저리 옮겨 다니다 결국 헤이죠쿄[平城京](지금의 나라)로 돌아왔다. 이 무렵 불교에 심취한 쇼무는 국가의 위기를 물리치기 위하여 고쿠분지[國分寺]와 도다이지[東大寺] 대불을 건립하도록 명령을 내렸다.

1709년 화재로 소실되었던 대불전을 재건한 뒤 약 200년 동안 세계 최대의 목조 건축물이었던 도다이지 건축에는 한반도에서 건

너간 기술자들도 기여했다. 나라현 소개 자료에 따르면 도다이지 건축 총감독은 신라 출신 목수였고, 758년에 완공된 거대 청동 불상은 백제 출신 장인이 디자인했다고 한다.

749년 건강이 좋지 않았던 쇼무는 아베 내친왕에게 양위했다. 남성 천황이 여성에게 양위한 것은 일본 역사상 최초의 일이었다. 아버지 뒤를 이은 고켄 천황[孝謙天皇, 아베 내친왕]은 정통성 논란과 황위를 둘러싼 분쟁에 일생 시달려야 했다. 더구나 최초의 독신 천황이었기에 다음 황위를 누가 이를 것인가의 문제까지 안고 있었다. 그 때문에 고켄을 대신할 다른 천황을 세워야 한다는 주장은 그녀가 세상을 떠난 후까지도 계속되었다.

비상시 식량과 약이 되어준 메꽃

메꽃의 약재로서의 효능은 『본초강목』이나 『동의보감』 등 고전

의서에도 수록되어 있다고 한다. 하지만 현대 의학이 하루가 다르게 발달하는 이 시대에 메꽃까지 약으로 써야 할 필요는 없어 보인다. 게다가 거의 만병통치약에 가깝다 하니 더욱 믿음이 가지 않는다. 또 메꽃이 쇼무 천황 치료에 사용되었다는 이야기도 사실 여부를 확인하기 어렵다. '중병'이라고 했을 뿐 정확한 병명을 알 수 없으니 메꽃이 어느 질환 치료에 도움이 되었는지는 여전히 오리무중이다.

메꽃은 꽃 색깔이 화려하지 않고 그 모양이 요란하지도 않아 눈앞에 두고 인식하지 못하는 경우도 많다. 하지만 여름철 메꽃이 우리와 가까운 곳에 지천으로 피어 있음은 분명하다. '아침에 피어나서 저녁에 지고 마는' 나팔꽃과 달리 제법 긴 시간 소박한 꽃 모양을 보여주는 메꽃은 배고프고 약이 필요한 사람을 위해 자신의 위치를 꾸준히 알리는 것 같다. 비상시 식량이 되어주고 약이 되어주었기 때문일까? 여름철, 길가에서 메꽃을 만나면 왠지 모를 반가움과 편안함이 느껴진다.

카네이션은 혁명과 저항의 상징
무혈 혁명의 대명사 '카네이션 혁명'

카네이션은 원산지를 정확히 알 수 없을 정도로 오래전부터 세계 여러 곳, 많은 사람 곁에 존재했다. 고대 그리스나 로마에서는 신에게 바치는 제사 때, 혹은 신들의 그릇이나 술잔을 장식하는 데 카네이션이 쓰이기도 했다. 중세 이래 유럽에서 카네이션은 성모 마리아를 상징하는 꽃으로 여겨졌고 예술 작품에도 순결, 용기, 사랑의 뜻으로 많이 등장했다. 18세기 유럽 귀족들 사이에는 카네이션 재배 취미가 유행처럼 번졌고 이때 다양한 종류의 카네이션이 개발되었다.

부모에 카네이션 선물하는 5월 둘째 주 일요일

붉은 카네이션은 미국 오하이오주를 상징하는 꽃이다. 오하이오 출신인 제25대 대통령 윌리엄 매킨리는 재킷 가슴 주머니에 늘 카네이션을 꽂고 다녀서 '오하이오의 아이돌'로 불렸다. 1901년 9월 6일, 매킨리 대통령은 산업박람회장에서 만난 어린 소녀에게 자기 가슴

주머니에 있던 카네이션을 선물했다. 그런데 매킨리는 그날 그곳에서 총격으로 사망했다. 근거는 없지만, 행운의 상징인 카네이션을 남에게 주었기에 매킨리가 목숨을 잃었다는 얘기는 발이 달린 듯 세상으로 퍼져나갔다.

카네이션이 어머니에 대한 사랑과 존경을 상징하는 꽃으로 자리 잡은 것은 1907년 미국의 안나 마리아 자비스로부터 비롯되었다. 자비스는 어머니를 기쁘게 하기 위해 매년 5월 둘째 주 일요일에 어머니에게 흰 카네이션을 선물했다. 어머니가 세상을 떠난 후에도 어머니를 기리기 위해 흰 카네이션을 이웃에게 나눠주었다. 자비스 이야기를 전해 들은 우드로 윌슨 대통령은 1914년, 5월 둘째 주 일요일을 '어머니날'로 제정했다. 이때부터 어머니날 혹은 어버이날에 부모에게 카네이션을 선물하는 전통이 만들어졌다.

카네이션은 세계 곳곳에서 다양한 용도로 사용되고 있다. 프랑스에서는 장례식에 참석할 때 카네이션을 들고 간다. 우리네 흰 국화와 같은 역할을 하는 것이다. 성모 마리아가 아들 예수의 죽음을 슬퍼하며 흘린 눈물 자리에서 카네이션이 피어났다는 전설에서 유래된 풍습인 듯하다.

카네이션은 사회주의나 노동운동의 상징, 혁명과 저항의 상징으로 여겨지기도 했다. 1917년 러시아혁명 때 러시아의 한 작가는 "붉은 깃발, 붉은 나비넥타이와 리본, 붉은 카네이션은 페트로그라드와 모스크바 거리에 모인 사람들의 특징"이었다고 말했다. 전쟁터에서 목숨 잃은 병사들의 피를 상징하기도 하는 붉은 카네이션은 러시아 사람들에게 역사적으로 깊은 의미가 있다. 최근까지도 승전 기념식이나 전사자 추모 행사에 참여하는 사람들 손에 어김없이 붉은 카네이션이 들려 있는 것을 볼 수 있었다.

'카네이션 혁명'이라 불리는 포르투갈 쿠데타

나치 점령에 저항한 그리스 공산주의 레지스탕스의 핵심 인물 니코스 벨로야니스는 1952년 3월 30일에 처형되었다. 3월 1일, 판결을 받으러 군사재판정으로 가는 길에 한 젊은 여성이 벨로야니스에게 카네이션을 건넸고, 그가 카네이션을 들고 미소짓는 사진이 '카네이션을 손에 든 남자'라는 이름으로 널리 퍼졌다. 그의 석방을 청원했던 파블로 피카소는 그 사진을 바탕으로 한 스케치를 남겼고 카네이션은 저항 정신을 담은 꽃의 대명사가 되었다. 1974년 4월 25일 포르투갈에서 독재 정권에 반대하여 시민들과 혁명군이 일으킨 무혈 쿠데타에는 아예 '카네이션 혁명'이라는 이름이 붙어 있다.

30년 이상 장기 집권하며 독재를 일삼던 포르투갈 제2공화국은 경기 침체와 오일쇼크 등 악재가 겹치면서 국민 불만을 더 이상 억누

를 수 없는 지경에 이르렀다. 제국주의 시대는 막을 내렸고 세계를 제패하던 영국, 프랑스 등도 식민지를 거의 다 내놓았지만 포르투갈은 식민지를 포기하지 않았다. 본국은 물론 식민지의 불만도 고조되었고 그 때문에 전쟁이 끊이지 않았다.

규모가 작아도 전쟁은 전쟁이다. 포르투갈의 수많은 젊은이가 전쟁을 치르기 위해 아프리카 등 식민지로 파병되었고 전상자가 속출하면서 전쟁에 대한 포르투갈 국민의 피로감은 극에 달했다. 반전 운동이 대학가를 중심으로 퍼져나갔고 좌파 무장 단체가 조직되어 군 시설에 테러를 가했다. 소련의 영향을 받은 좌익 세력은 군부 내부로도 파고들었고 그 좌파 청년 장교들 주도로 쿠데타가 일어났다.

쿠데타의 시작을 알리는 신호는 파두라는 포르투갈 전통 가요 두 곡이었다. 그 당시 금지곡이던 '그리고 안녕의 뒤로'와 '그란돌라 여, 거무스름한 마을이여'가 울려 퍼지면서 쿠데타 병력의 움직임이 본격화되었다. 쿠데타군은 오래지 않아 포르투갈의 주요 전략 거점

을 손에 넣을 수 있었고 하루도 채 지나지 않아 독재 정권은 무너졌다. 옛 정부 요인들은 브라질로 망명했고 큰 충돌없이 쿠데타가 마무리되었다.

식민지에서도 포성이 멎었다. 포르투갈군과 식민지 독립군들과의 전투가 중단되었고 앙골라, 기니비사우, 모잠비크 등 포르투갈이 무리하게 유지하고 있던 아프리카 식민지들이 하나둘 독립을 선언했다. 인도의 고아, 다만, 디우, 다드라, 나가르하벨리의 병합을 인정하였고 1999년 12월 마카오가 중국에 반환되면서 포르투갈의 제국 시대는 완전히 막을 내렸다.

'포르투갈을 영원히 바꾼 운동의 상징'

이 혁명을 '카네이션 혁명'으로 역사에 남게 한 사람은 셀레스트 카에이루이다. 1974년 4월 25일 당시 카이에루는 리스본 시내의 한 식당에서 일하며 홀로 딸을 키우던 평범한 여성이었다. 그날은 카에이루가 근무하던 식당의 개업 1주년 기념일로, 주인은 식당을 장식하기 위해 카네이션을 다량 준비했지만 쿠데타가 일어나면서 거창한 기념일 행사는 치를 수 없었다. 주인은 카이에루에게 식당 문을 닫고 카네이션들을 집에 가져다 두라고 말했다.

카네이션 다발을 들고 집으로 돌아오던 카이에루는 거리에서 군인 한 명과 맞닥뜨렸다. 군인은 "담배 있느냐"라고 물었고 카에이루는 담배 대신 안고 있던 카네이션 한 송이를 군인에게 건넸다. 웃으며 카네이션을 받은 군인은 그 꽃을 소총 총구에 꽂았고, 주변에 있던 다른 군인들도 너도나도 카이에루에게 꽃을 청했다.

곧이어 거리는 붉은 카네이션으로 물들었고 살벌했던 총구와 전차들은 카네이션으로 장식되었다. 이날 쿠데타는 시민들의 적극적인 지지를 등에 업은 무혈 혁명의 대명사가 되었고 포르투갈군은 훗날 "카이에루의 단순한 몸짓이 포르투갈을 영원히 바꾼 운동의 상징이 됐다"라고 평가하기도 했다.

어린 시절, 어머니날이 돌아오면 부지런히 부르던 '어머니께 드리는 노래' 가사 중에는 "붉은빛 카네이션은 살아계신 표라지, 하얀빛 카네이션은 돌아가신 표라지"라는 대목이 있다. 그때는 아무 생각 없이 따라 부르던 가사지만 지금 생각해보면 참 어이없는 내용이다. 어머니가 살아계시는 친구들은 빨간 카네이션을 자기 가슴에 달거나 어머니께 달아드린다고 들떠 있는데 어머니 잃은 자신은 스스로 가슴에 하얀 카네이션을 달고 어머니를 추모해야 한다니⋯⋯. 어머니에 대한 사랑의 상징이 안나 마리아 자비스의 하얀 카네이션으로 시작되었다고 하지만 이는 너무 잔인한 풍습 아닌가.

36

평민에게는 금지되었던 양반꽃, 능소화

여인의 비극을 담은 능소화 전설

능소화. 이름에 포함된 '능'이라는 글자 때문인지, 다홍빛 꽃잎이 도톰한 입술을 닮아서인지 아니면 열대 지방을 연상케 하는 뜨거운 계절의 꽃이어서인지, 능소화를 보면 '관능적'이라는 말이 떠오른다. 하지만 능소화(凌霄花) 한자는 전혀 다른 뜻을 담고 있다. 능(凌) 자는 '침범하다, 깔보다, 오르다' 등을 의미하고, 소(霄) 자는 하늘을 나타낸다. 그래서 '하늘을 우습게 보는 꽃'이라고 해석하는 사람도 있지만 그보다는 덩굴이 하늘을 향해 뻗어 오르는 특성 때문에 붙은 이름인 듯하다.

꽃이 질 때 송이째 떨어지는 '양반꽃'

나팔처럼 생긴 능소화는 꽃이 질 때 송이째 떨어진다. 그 모습이 품위 있게 보여서인지 옛 선비들은 능소화를 지조와 절개의 상징으로 여겼고 '양반꽃'이라 부르기도 했다. 조선 시대에는 평민의 집에

서 능소화 키우는 것을 금지했다고 하는데 그 이유로 여러 가지 설이 거론된다.

꽃이 품은 독으로부터 평민을 보호하기 위해서였다는 설도 있지만 설득력은 없다. 능소화를 쳐다보다 꽃잎에서 떨어진 이슬에 실명했다거나 여자가 능소화 향기를 맡으면 불임이 된다는 괴담도 평민들을 능소화로부터 멀어지게 했다.

덩굴 식물인 능소화는 대개 담장이나 벽을 타고 올라 꽃을 피운다. 양반가에서 주로 자랐다는 이야기 때문인지 능소화는 기와집 돌담과 유난히 잘 어울려 보인다. 그런데 강릉 선교장 열화당에는 이례적으로 능소화가 마당 한가운데서 자라고 있다. 그 독특한 능소화에는 듣는 사람을 감동케 하는 사연이 있다.

세종대왕의 형인 효령대군의 11세손이 조성한 선교장은 한때 금강산 등 강원도 명승지를 찾은 유람객들에게 사랑방 같은 곳이었다. 지금으로부터 120여 년 전, 선교장에서 신세 진 유람객 중에 충남 서

강릉 선교장 열화당 마당 한가운데 심어진 능소화

산 출신 선비가 있었다. 선교장에서 지내는 동안 그 선비는 자기 집 능소화를 자랑하며 다음에 들를 때 가지고 오겠다고 약속하였다. 효령대군의 후손 이근우가 선교장 주인이던 시절이었다.

마당 한가운데서 빛나는 열화당 능소화

교통이 편한 요즘도 그런 약속의 이행을 기대하는 사람은 별로 없다. 그런데 그 약속 자체도 까맣게 잊고 있던 이근우 앞에 어느 날 낯선 사내 한 명이 나타났다. 서산 선비의 하인이라는 그 사내는 등짐에서 능소화를 뿌리째 조심스럽게 꺼내놓았다. 그는 자신의 주인이 세상을 뜨면서 능소화를 선교장에 전해 달라고 당부했다는 사연을 전했다.

서산에서 강릉까지 먼 길을 찾아온 충직한 하인 이야기도 감동적이다. 산 넘고 물 건너 강릉으로 오는 몇 날 며칠 동안 행여 능소화 뿌리가 마를까 봐 낮에는 개울가에서 이끼로 뿌리를 덮어놓고 쉬었고 햇빛이 없는 야간에만 이동했다. 이런 세심한 배려마저 선비가 생전에 남긴 당부였다고 했다. 이근우는 그 두 사람의 신의와 정성을 기리는 의미에서 기념비처럼 마당 한가운데 능소화를 심었다고 한다.

능소화에 관련된 슬픈 전설도 있다. 옛날 소화라는 궁녀가 후궁이 되었지만 사랑이 식은 임금은 더 이상 소화를 찾지 않았다. 임금을 기다리던 소화는 상사병을 앓다 죽었고 자신을 담장 곁에 묻어달라고 유언했다. 그 후 소화가 묻힌 담장 곁에 꽃이 피어났는데 그 꽃이 능소화라는 이야기이다.

비극적 결말을 암시한 드라마 속 능소화

이 전설의 영향인지 조선 22대 임금 정조와 후궁 의빈 성씨의 사랑 이야기를 담은 드라마 〈옷소매 붉은 끝동〉에서도 능소화는 비극적 결말을 암시하는 설정으로 등장했다. 의빈 성씨는 아들이 세자(문효세자) 책봉을 받았으나 1786년 3세의 문효세자가 죽었고 여섯 달 후 의빈도 세상을 떠났다. 정조는 어릴 때부터 좋아하던 의빈을 애도하며 묘지명을 손수 썼는데 그 내용에 자신이 의빈에게 두 번이나 거절당한 이야기를 다음과 같이 담았다.

"처음 승은을 내렸을 때 내전(효의왕후)이 아직 귀한 아이를 낳아 기르지 못했다며 눈물을 흘리고 울면서, 이에 감히 명을 따를 수 없다며 죽음을 맹세했다. 나는 마음을 느끼고 더는 다그치지 못했다.

15년 뒤에 널리 후궁을 간택하고 다시 명을 내렸으나 빈은 또 거절했다. 빈의 노비를 꾸짖고 벌을 내린 뒤에 비로소 내 명을 받들어 당석(차례가 돌아온 날 잠자리를 같이 함)했다."

조선 시대 양반들은 능소화 꽃 감상을 독점하려 했다. 〈옷소매 붉은 끝동〉에서도 사랑하는 사람을 독차지하지 못하는 슬픔에 대해 여러 번 언급되었다. 의빈이 정조를 거절한 것은 그 슬픈 운명에 얽매이지 않으려는 발버둥이었을 지도 모른다. 하지만 완전한 독차지, 영원한 독점이 가능할까? 독차지하지 못하는 상황 자체가 아니라 독차지하고 싶다는 욕심이 인간을 괴롭게 하는 것 아닐까?

능소화가 만발하여 더욱 찬란했던 여름도 가고 계절은 바뀌며 그 과정에 세월이 흐르고 누구든 머지않아 사멸의 길을 걷는다. 이런 자명한 이치 안에서 보면 우리를 괴롭히는 그 다양한 욕심들은 얼마나 무의미한가.

폼페이의 '그 날'에도 활짝 피었을 협죽도
아름답지만 독을 품은 위험한 식물

협죽도(夾竹桃). 꽃 이름치고는 다소 딱딱하고 어렵다. 하지만 잎은 대나무를 닮았고 꽃은 복숭아꽃처럼 생겼음을 그 이름이 말해준다. 협죽도는 오염된 대기를 정화하는 특성이 있어서 한때 가로수로 활용되기도 했다. 그런데 독성이 있다는 얘기가 퍼지면서 거리에서는 점차 찾아보기 힘든 식물이 되었다.

협죽도 독에 중독되면 어지럼증과 복통, 구토, 설사를 일으키고 심하면 심장마비에 이를 수도 있다고 한다. 제주도에 수학여행 갔던 학생이 협죽도 가지로 나무젓가락을 만들어 김밥을 먹었다가, 혹은 미국, 프랑스 등에서 협죽도 가지를 꼬치구이용으로 사용했다가 사망했다는 얘기는 현대에도 괴담처럼 돌아다닌다. 오죽하면 꽃말도 '위험', '방심은 금물'이겠는가.

지중해가 원산지인 서양 협죽도

협죽도와 모양이 비슷하여 풀협죽도라 불리는 식물은 우리나라 중부 지방에서도 더러 볼 수 있다. 협죽도의 다양한 품종 중 '서양 협죽도'의 원산지는 지중해이다. 그래서인지 폼페이 유적지 여행을 다녀온 사람들의 사진에는 협죽도가 유난히 많이 보인다.

기후가 온화하고 토지가 비옥했던 그 노른자위 땅을 베수비오산 화산 폭발이 삼켜버린 무렵 폼페이는 로마제국의 영토였다. 이때 로마제국 상류층은 환경 좋은 폼페이에 화려한 별장을 짓고 그곳에서 휴양을 즐겼다.

폼페이 사람들은 베수비오산을 위험한 존재로 여기지 않았다. 그런데 서기 79년 1,000년 넘게 침묵하던 베수비오산이 엄청난 굉음을 내며 연기와 붉은 용암 덩어리를 내뿜었다. 베수비오 화산에서 불어오는 그 뜨거운 바람을 고스란히 맞아야 했던 폼페이는 곧 불

길에 휩싸였다.

100억t에 가까운 화산재가 하루 종일 쏟아졌고 화산 폭발이 멈췄을 때 폼페이는 5~7m 두께의 화산재에 파묻혔다. 폼페이 주민 2,000명은 그 화산재에 매몰되었고 산 채로 화석화가 되었다. 베수비오 화산은 폼페이뿐만 아니라 인근 도시까지 파괴하였다. 그리스 영웅 헤라클레스의 이름을 딴 도시 헤르쿨라네움은 20m 두께의 진흙 용암을 뒤집어썼고 도시는 그 진흙 아래로 자취를 감췄다.

순식간에 화석처럼 굳어버린 폼페이 사람들

폼페이 유적은 16세기 말, 한 건축가가 터널을 파는 과정에 우연히 발견되었고 1763년 그곳이 폼페이였음을 밝혀주는 비문이 발견되었다. 무엇보다 사람들의 관심을 끈 것은 화산재 속에서 발굴된 인간들의 시신이었다. 순식간에 화석처럼 굳어버린 폼페이 사람들의 시신

에는 그들이 마주한 공포와 고통의 몸부림이 그대로 드러나 있었다.

그러나 폼페이의 유적은 화려했던 로마의 문화를 보여주는 생생한 자료가 되기도 했다. 번성했던 도시는 1,500년 넘도록 화산재에 파묻혀 고스란히 보존되었다. 도심에서 40km나 이어진 수로, 거대한 정원이 있는 저택, 서민들이 살던 아파트, 대장간, 빵집, 채소 가게 등을 통해 로마인들의 일상을 엿볼 수 있게 되었다.

당시 17세이던 가이우스 플리니우스는 폼페이 참사의 기록을 담은 편지를 역사가 타키투스에게 보냈고 그 내용이 오늘날까지 전해지고 있다. 특히 로마제국의 박물학자이며 해군 제독이던 그의 삼촌 플리니우스의 일화가 인상적이다. 플리니우스 제독은 화산 폭발 소식을 듣고 헤르쿨라네움 근처 해안으로 갤리선을 몰고 가 피난민들을 구조했다.

선원들은 그에게 피할 것을 권했지만 그는 "행운은 대담한 자를 좋아한다"라며 친구를 구출하러 스타비아에로 갔다. 그러나 바람 방향 때문에 나폴리로 돌아가지 못하고 발이 묶여 있던 중 유독가스가 배를 덮쳐 질식사했다. 목숨을 아끼지 않고 피난민과 친구를 구하려 했던 그의 이름을 기려 화산 분화 양식 중 하나에 '플리니식 분출'이라는 이름을 붙였다고 한다.

'프레스코 벽화의 보고' 폼페이

폼페이 사람들이 벽면과 바닥에 그린 프레스코화들도 화산재에 덮여 있었던 덕분에 보존 상태가 양호하다. 그런 연유로 폼페이는 '프레스코 벽화의 보고'로 일컬어지기도 한다. 스타비아에의 어느 집 침실 벽에서도 프레스코 벽화가 발견되었다. 꽃을 향해 살짝 고개를 돌린 여인의 뒷모습 그림에 후대 사람들은 '꽃을 따는 여인 플로라'라는 제목을 붙였다. 벽화 속 여인이 시선을 준 꽃과 잎의 모양이 협죽도로 보인다. 확인할 수는 없지만 협죽도는 그 지역에서 흔히 볼 수 있는 식물이니 가능성은 높다.

화산이 폭발했다는 8월 24일, 협죽도 꽃이 한창 만발했을 시기이다. 아름다운 지중해의 태양이 찬란하게 빛났을 8월의 그 날. 누구도 예상하지 못했던 엄청난 비극이 덮치던 그 날에도 폼페이에는 활짝 핀 협죽도 꽃과 더불어 평온한 일상이 영위되고 있었으리라. 도시를 아름답게 물들였을 협죽도 꽃은 모든 생물과 마찬가지로 화산재로 뒤덮여 그 색을 잃게 되었다.

지금도 사람을 포함은 많은 생물과 사물이 아름다움을 뽐내며 존재한다. 그러나 언제 갑자기 그 빛을 잃게 될런지는 아무도 모른다. 다만 더 빛나는 오늘을 살려고 노력했다면 그것으로 만족해야 하지 않을까?

처량하게 살아온 우리 민족을 연상케 하는 봉숭아꽃

충선왕이 불우하던 시기에 생겨난 봉숭아꽃 전설

봉숭아꽃을 보면 어린 시절의 여름날 저녁, 손톱에 물을 들이던 장면이 떠오른다. 봉숭아 꽃잎과 이파리를 짓이겨 손톱 위에 올려놓은 후 잎이나 비닐로 둘러싸고 실로 동여매주던 어머니의 모습도 그려진다. 손톱에 봉숭아 물을 들이는 풍습은 우리나라뿐 아니라 중국이나 일본에도 널리 퍼져 있다. 붉은색을 싫어하는 귀신을 물리친다는 속설 때문에 봉숭아 물 들이는 행위는 단순한 치장을 넘어서 몸을 보호하려는 의도도 포함하고 있다.

봉선화는 봉숭아의 한자 이름

봉선화(鳳仙花)는 봉숭아의 한자 이름이다. 글자라고는 한자밖에 없던 고려 말기를 배경으로 한 봉숭아꽃 전설이 있다. 왕위를 빼앗기고 원나라로 끌려간 충선왕은 어느 날 이상한 꿈을 꾸었다. 고려 노래에 맞춰 가야금을 뜯는 궁녀의 손끝에서 피가 흐르고 있었던 것

이다. 얼마 뒤, 왕은 산책하다가 열 손가락을 모두 헝겊으로 꽁꽁 싸맨 궁녀를 발견하였다.

그녀는 고려에서 끌려온 공녀인데 고향이 그리워 날마다 고려 노래를 부르며 가야금을 연주하다가 손가락을 다쳤다고 했다. 그녀의 말에 감동한 충선왕은 반드시 고려로 돌아가겠다고 결심했다. 고려로 돌아와 다시 왕 자리에 오른 충선왕은 그 공녀를 찾으러 원나라로 사람을 보냈다. 하지만 그녀는 이미 이 세상 사람이 아니었다. 충선왕은 그녀의 넋을 기리며 궁궐 뜰에 봉숭아를 심었다고 한다. 피 흐르는 손끝과 봉숭아를 연관 지은 것으로 보아 그때도 손톱에 봉숭아 물 들이는 풍습이 있었던 것 같다.

제26대 충선왕은 충렬왕과 원나라 제국대장공주의 아들이며 황제 쿠빌라이의 외손자이다. 충선왕은 아버지를 몰아내고 고려 왕이 되었지만 5개월 만에 왕위에서 쫓겨났다. 그가 고려 여자 조비를 가까이하자 질투를 느낀 왕비 계국대장공주가 원나라 조정에 이를 고자질한 것이다. 원나라는 충선왕으로부터 국왕의 인을 빼앗아 충렬왕에게 돌려주었다.

개혁을 시도하다가 쫓겨난 충선왕

충선왕이 왕위를 빼앗긴 배경에는 가정사 외에도 다른 요인이 있었던 듯하다. 충선왕은 즉위하자마자 고려 사회에 널리 퍼져 있던 여러 폐단을 개혁하겠다고 선언했다. 전면적인 관제 개편도 하고 부패의 온상이 되었던 정방을 폐지했으며 원나라식으로 바꿨던 관직 등을 이전으로 되돌리며 고려 전통을 회복시키려 했다. 이런 움직임은 기득권층의 불만을 불러일으켰고 원나라에도 위협적으로 여겨졌을 것이다.

충렬왕이 복위하고 충선왕은 원나라로 불려갔다. 봉선화 전설은 충선왕이 이렇게 불우했던 시기를 배경으로 생겨났다. 1307년 원나라 황제 성종이 세상을 떠나고 황제 자리 다툼이 일어났는데 그때 충선왕의 중재로 무종이 황제에 오를 수 있었다. 그 공으로 충선왕은 막강한 권력을 쥐게 되었고 고려 왕 자리도 되찾았다.

충선왕은 다시 개혁을 시도했다. 하지만 그 의지는 오래가지 못했다. 기득권층의 저항이 강한 데다 충선왕 자신도 정치에 싫증을 느꼈기 때문이다. 충선왕은 재위 기간 대부분을 원나라 선양에서 지내며 고려를 다스렸다. 고려 대신들이 왕의 귀국을 계속 요구하고 새 황제 인종도 귀국을 종용하자 충선왕은 아들에게 왕위를 물려주었다.

이때 충선왕의 나이는 38세, 새로 왕이 된 충숙왕은 19세였다. 이후에도 충선왕은 원나라에 살면서 고려 정치에 깊이 관여했다. 관리 임면권이나 왕실 창고의 출납 권한도 충선왕이 가지고 있었다. 충선

왕은 원나라 정계에서도 큰 활약을 하였다. 과거 시험을 치러 인재를 뽑게 하고 만권당이라는 개인 연구소를 세워 당대 최고의 학자들과 교류하였다.

백성의 처량한 신세를 상징하는 봉숭아꽃

그런데 인종이 죽고 뒤를 이은 영종은 충선왕을 못마땅하게 여겼다. 고려 왕이 아니면서 고려에도 권력을 행사하고 원나라 대신이 아니면서 원나라 조정 일에 간섭했기 때문이다. 충선왕은 원나라 환관의 모함으로 머리가 깎이고 석불사라는 절에 갇혔다가 다시 옌징에서 1만 5,000리나 떨어진 티베트 사스카야에 유배되었다.

그곳에서 충선왕은 "독기로 가득 찬, 못 살 곳이란 말은 예부터 들은 바이나, 옌징을 떠나 몇 만 리나 걸어왔던고"라고 하소연하는 편지를 아들 충숙왕에게 보내기도 했다. 얼마 후 사면을 받았지만

충선왕은 끝내 고려로 돌아오지 못했다. 귀양에서 풀려난 지 2년 만에 선양에서 세상을 떠났기 때문이다.

"울 밑에 선 봉선화야 네 모양이 처량하다"로 시작되는 김형준 작사, 홍난파 작곡의 가곡 '봉선화'에는 일제 시대를 살았던 민족의 애환이 담겨 있다고 한다. 봉숭아꽃 전설과 관련된 원 간섭기를 살펴보면 백성을 상징하는 봉숭아꽃이 처량하게 보인다는 데 깊이 공감하게 된다. 30년 가까이 계속된 몽골의 침략에 백성들의 삶은 이미 심하게 피폐해졌을 텐데 그 뒤를 이은 원 간섭기 약 100년 동안 왕 여섯 명이 열 번이나 왕 자리에서 오르락내리락할 정도로 정국이 엉망진창이었으니 말이다. 이래저래 그 고운 봉숭아꽃은 처량하게 살아온 우리 조상을 상징하는 서글픈 꽃으로 여겨질 수밖에 없다.

저녁밥 지을 시간 알려준 '오후 네 시의 꽃'

멘델의 '우열의 원리'에서 벗어나 유명해진 분꽃

분꽃은 해질녘에 피어 다음 날 아침에 진다. 그래서 영어로 '오후 네 시의 꽃(four o'clock flower)'이라고도 한다. 시계가 흔치 않던 그 옛날의 어머니들은 한여름 늦은 오후에 분꽃이 벌어지는 것을 보고 저녁밥을 지었다는 말도 있다. 나팔꽃 모양의 꽃이 여름에서 가을에 걸쳐 피며 씨앗은 둥글고 검다. 이 검은색 씨앗 안에 흰 가루가 들어 있는데 분(粉)꽃이라는 이름은 이 흰 가루에서 유래되었다. 이 가루에는 독성이 함유되어 있지만 예전에는 이 가루로 화장품이나 염료를 만들었다고 한다.

완두콩 교배 실험으로 유전 법칙을 정리한 멘델

분꽃의 꽃 색깔이 멘델의 유전 법칙을 따르지 않는다는 점도 이채롭다. '따르지 않는다'라는 특성 때문에 분꽃은 멘델의 법칙과 더불어 유전학의 중요한 자료로 거론되곤 한다. 오스트리아의 성직자

였던 멘델은 대학에서 다윈의 진화론을 접한 후 진화론을 증명할 실험을 하고자 수도원 뜰에 완두를 심었다. 그가 연구 재료로 완두를 이용한 이유는 여러 가지이지만 그중 가장 중요한 것은 완두가 주변에 지천으로 널려 있었다는 점이다.

멘델은 1856년에서 1863년까지 8년 동안 완두콩 교배 실험으로 얻은 2만 9,000여 개 형질 조사를 바탕으로 우열의 원리, 분리의 법칙, 독립의 법칙이라는 유전 법칙을 정리하였다. 우열의 원리는 순종의 대립 형질끼리 교배시켰을 때 잡종 제1대에서 우성 형질만 나타난다는 원리이다. 원래 '우열의 법칙'이라 불렸지만 '법칙'이라 하기에는 예외가 너무 많아 '원리'로 바뀌었다.

분리의 법칙은 우성만이 나타난 잡종 제1대를 자가 수분하여 얻은 잡종 제2대에서 1~4의 확률로 열성이 분리된다는 것이고 독립의 법칙은 멘델이 선택한 일곱 가지 대립 형질 중 두 쌍 이상의 대립 형질이 유전되는 경우, 각각의 형질은 서로에게 영향을 미치지 않고 독립적으로 나타난다는 것이다.

1900년은 '멘델 법칙 재발견의 해'

멘델은 이 연구 결과에 '식물 잡종에 관한 연구'라는 제목을 붙이고 브르노 자연사 학회로 보냈다. 그러나 학계에서는 그의 논문을 무시하였다. 그가 대학을 중퇴하고 연구 실적도 없는 성직자인 데다 당시 생물학자들이 이 엄청난 발견의 중요성을 인식하지 못했기 때문이다. 낙담한 멘델은 그 논문을 인정받으려 더 많은 노력을 기울이지도 않았다. 게다가 얼마 후 수도원장에 임명되자 아예 실험을 그만두었다. 다만 "나는 나 자신의 실험에 만족하며 이 실험은 세상에 큰 영향을 미칠 것이다"라는 기록을 남겼을 뿐이다.

멘델의 논문이 다시 주목받게 된 것은 그가 사망한 지 16년이 지난 1900년의 일이다. 멘델과 비슷한 주제를 연구하던 네덜란드 식물학자 휴고 드 브리스(Hugo de Vries)는 도서관에서 멘델의 논문을 발견했다. 그는 자신의 연구 결과를 발표하며 멘델의 논문을 첨부했고 이를 통해 멘델의 논문이 세상에 알려졌다.

독일의 과학자 카를 에리히 코렌스(Carl Erich Correns)는 자신이 밝히고자 한 연구 결과가 멘델의 논문에 이미 다 들어 있다는 사실을 알고 연구를 포기하였다. 멘델의 연구 성과에 '멘델의 법칙'이라는 이름을 붙인 사람도 코렌스이다. 그제야 멘델의 이론은 정설로 받아들여졌고 학계에서는 1900년을 '멘델 법칙 재발견의 해'로 지정하였다. 비로소 멘델은 명실공히 '현대 유전학의 아버지'가 된 것이다.

코렌스, 분꽃의 예외적 특성을 발견하다

분꽃이 멘델의 '우열의 원리'를 따르지 않는다는 것을 발견한 사람도 코렌스이다. 우성인 붉은 분꽃과 열성인 흰 분꽃을 교배하면 붉은 꽃이 아닌 중간 형질의 분홍색 꽃이 나온다. 심지어 여러 꽃 유전자가 섞이면서 한 그루에서 붉은색, 노란색 꽃이 나오기도 하고 하나의 꽃잎에 두 색이 같이 있거나 그 두 색이 점점이 섞인 꽃잎도 있다.

박완서 소설 '그대 아직도 꿈꾸고 있는가'에는 어린 시절, 저녁이면 한꺼번에 피어나는 분꽃이 신기해서 꽃이 벌어지는 모습을 목격하고자 꽃봉오리 하나를 정해서 지키고 있었다는 이야기가 나온다. 딴 꽃은 다 피는데 지키고 있는 꽃만 안 핀 적이 있는데 그걸 본 어머니는 웃으며 말했다.

"그건 꽃을 예뻐하는 게 아니란다. 눈독이지. 꽃은 눈독, 손독을 싫어하니까 네가 꽃을 정말 예뻐하려거든 잠시 눈을 떼고 딴 데를

보렴.”

　어머니 말대로 했더니 신기하게도 그동안 꽃이 활짝 벌어졌다는 이야기이다.

　멘델은 살아생전 자신의 연구 성과에 대해 인정받지 못했다. 하지만 그의 말대로 ‘멘델의 법칙’은 세상에 커다란 영향을 끼쳤다. 지켜보지 않아도 필 꽃은 피어나고 멘델 같은 천재는 인정받으려 안달하지 않아도 주머니 속 송곳처럼 언젠가는 겉으로 드러나게 마련이다. ‘잠시 눈을 떼고’ 기다리는 인내와 깊은 신뢰가 ‘사람’을 키운다. 저녁을 기다려야 활짝 핀 분꽃을 볼 수 있듯이 모든 것에는 때가 있다. 그런데 요즘에는 인간 관계가 눈독과 손독에 녹아 일찌감치 소모돼버리는 경우가 너무도 흔하다.

충절의 대상으로 선비들에게 사랑받은 배롱나무

긴 여름, 지루함을 달래주는 백일홍의 다른 이름

"화무십일홍 권불십년(花無十日紅 權不十年)"

열흘 이상 붉은 꽃은 없고 권력은 10년 이상 유지할 수 없다는 유명한 경구이다. 권력을 얼마나 오랫동안 손에 쥘 수 있을지는 모르겠지만 열흘 이상 개화가 지속되는 꽃은 거의 없다는 말은 맞는 것 같다. 꽃이 피어나면 머지않아 반드시 지는 것이 자연의 섭리이기 때문이다.

그런데 100여 일, 즉 석 달 가까이 꽃을 피운다는 나무가 있다. 배롱나무. 그래서 그 꽃을 '백일홍'이라 불렀다고 한다. 하지만 한 송이가 100일 동안 피어 있는 것은 아니다. 이 나무의 아래쪽부터 위쪽으로 꽃들이 차례로 피어나는데 그 전체 기간이 100여 일이라는 것이다.

'비단처럼 아름답고 노을처럼 곱게' 피는 꽃

조선 시대 강희안(1417~1465)이 쓴, 우리 역사상 최초의 원예서 『양

화소록(養花小錄)』에 관련 내용이 실려 있는 것으로 보아 백일홍은 최소한 그 이전에 한반도에 들어온 것으로 보인다. 이 책에 의하면, 중국에서는 자미화(紫微花)라 불린 이 꽃을 당나라 때부터 관공서에 많이 심었다고 한다. 유우석이라는 중국 시인은 그 모양을 "붉은 꽃은 인끈(관복에 매는 끈)을 드리운 듯, 금빛 꽃술은 칼끝을 모아놓은 듯"이라고 묘사했다. 강희안은 백일홍을 "비단처럼 아름답고 노을처럼 곱게 뜰을 훤히 비추고 사람의 눈을 현란하게 한다"라고 평가했다.

사람들은 꽃이 오랫동안 핀다고 하여 자미화에 '백일홍나무'라는 이름을 붙였는데 세월이 지나면서 소리 나는 대로 '배기롱나무'로 변했다가 지금은 배롱나무가 되었다. 나무에 붉은 꽃이 오랫동안 피어 있는 것처럼 보이는 배롱나무는 충절의 대상이 되었고 이를 중요하게 여기는 선비들에게 사랑받는 나무가 되었다.

조선 시대 충신 중 대표적 인물로 꼽히는 성삼문도 배롱나무를 아껴 한 편의 시로 표현했다.

"어제 저녁에 꽃 한 송이 떨어지고 / 오늘 아침에 한 송이가 피어. /
서로 일백일을 바라보니, / 너를 대하여 좋게 한잔하리라."

배롱나무꽃을 아꼈던 성삼문의 비극

성삼문, 박팽년, 하위지, 이개, 유응부, 유성원 등이 단종 복위를
꾀한 것은 세조 즉위 4개월 만이었다. 때마침 창덕궁에서 중국 사신
을 위한 연회가 열렸는데 연회석상에서 칼을 차고 임금을 지키는 별
운검으로 성삼문의 아버지인 성승과 유응부가 선정되었다. 일이 아
주 순조롭게 돌아가는 듯했다. 그런데 한명회의 권유로 세조는 연회
장소가 좁다는 이유를 들어 별운검이 들지 말도록 명하였고, 또한
세자도 병 때문에 연회장에 나오지 못했다.

유응부는 계획대로 거사하기를 주장했지만 성삼문과 박팽년이
"세자가 경복궁에 있고, 왕이 운검을 쓰지 못하게 하는 것은 하늘의
뜻이요. 만약 이 창덕궁에서 거사하더라도, 혹시 세자가 경복궁의 군
사를 이끌고 온다면 일의 성패를 알 수 없으니 훗날을 기약합시다"
라며 거사일을 미뤘다. 그런데 함께 모의했던 사람 가운데 하나인 김
질이 자신의 장인에게 이 계획을 알려서 실행에 옮기지 못하고 발각
되었다. 거사는 실패로 돌아가고 가담자 모두 잡혀가 모진 고문을
당하고 목숨을 잃었다.

집현전 학사로서 훈민정음 창제 때 커다란 공을 세웠던 성삼문은
백일홍에 대한 시 외에도 여러 편의 시가를 남겼다. 성삼문이 사형장
으로 끌려갈 때 읊었다는 한시도 전해진다. 시를 읊을 한가한 상황
이 아니었던지라 성삼문의 시가 아니고 그의 충절을 흠모하는 후대
사람이 그의 이름으로 지은 작품일 것이라는 설도 있다. 그래도 죽

음을 앞둔 사람의 처절한 심정은 읽는 이의 가슴 깊은 곳을 두드리기에 충분하다.

"북소리 둥둥 이 목숨을 재촉하는데 / 돌아보니 지는 해는 서산을 넘네 / 저승으로 가는 길에 주막도 없다거늘 / 이 밤은 어느 집에서 쉬어 갈 건가?"

지루하고 긴 여름 동안 홀로 화려하게 피는 배롱나무꽃

배롱나무가 쉬지 않고 붉은 꽃을 피워내는 시기에는 봄꽃들만큼 세상을 화사하게 밝히는 꽃을 찾을 수 없다. 사방을 둘러봐도 짙은 녹음뿐인 그 지루하고 긴 여름 동안 배롱나무꽃이 거의 혼자서 화려하게 주변을 장식할 뿐이다. 그것도 100여 일 동안이나 끊이지 않고 말이다.

‘죽어서 봉래산 가장 높은 봉우리에 커다란 소나무가 되었다가 흰 눈이 온 세상을 덮었을 때 나 혼자 푸르리라’라고 시조를 읊었던 성삼문. 그는 ‘전날 저녁에 꽃 한 송이가 떨어져도 다음 날 아침에 다시 한 송이가 피어나는’ 강인한 생명력을 지닌 배롱나무처럼 어떤 역경에도 변치 않고 홀로 빛나는 삶을 살고 싶었던 듯하다.

그런데 1455년 윤6월 11일, 단종이 경회루에서 수양대군에게 임금 자리를 넘겨주던 그날, 동부승지였던 성삼문은 상서원에서 옥새를 가져와 단종에게 바쳤다. 성삼문은 그 옥새가 곧이어 수양대군에게 넘어갈 것을 눈치채지 못했던 걸까? 세조가 왕위에 오른 후 박팽년이 경회루 연못에 빠져 죽으려 할 때 성삼문은 훗날을 기약하자며 만류했다. 세조 치하에서도 중요 벼슬을 했던 그들이 기약했던 ‘훗날’은 과연 어떤 날이었을까?

41

소박하면서도 청초한 고향의 꽃, 도라지

역도산의 추억 속 음식, 도라지 비빔밥

도라지는 인후통과 기침, 가래, 기관지염 등 호흡기 질환에 효과가 있다고 알려져 있다. 생약에 표시된 '길경'이 바로 도라지인데 기침이 계속될 때는 민간요법으로 도라지 달인 차를 마시기도 한다. 약국에서 판매되는, 목의 염증 등을 진정시키는 가루약의 주성분도 도라지로, 그 약효는 도라지에 풍부하게 함유된 플라티코틴D이라는 성분에서 비롯된다고 한다.

이 성분이 코로나 바이러스 퇴치에도 도움이 된다는 연구 결과가 국내에서 발표되었다. 이창준 기초과학연구원(IBS) 연구단장은 IBS 코로나19 과학리포트에서 "도라지에 있는 플라티코틴D 성분이 코로나 바이러스가 사람 세포와 융합하는 과정을 차단해 감염을 막을 수 있음을 세포 실험으로 확인했다"라고 밝혔다.

소박한 누이같은 꽃 모양

도라지꽃은 소박하면서 군더더기 없이 깔끔하게 생겼다. 화려하지는 않지만 청초한 아름다움을 지닌 친숙한, 누이 같은 모습이다. 소박한 모습 덕분에 한눈에 봐도 우리 토종 식물이라는 느낌이 확연하다. 그래서인지 도라지꽃은 다른 어떤 꽃보다 '고향의 꽃'으로 따뜻하게 가슴에 다가온다.

한국계 일본인 프로레슬러이며 일본에서 프로레슬링 붐을 일으킨 역도산(力道山, 리키도잔)에게도 도라지는 고향을 떠올리게 하는 식물이었던 듯하다. 1924년 함경남도에서 태어난 역도산은 북한에서 씨름 선수로 활동하다가 한 일본인에게 스카우트 제의를 받고 스모 선수가 되기 위해 일본으로 건너갔다.

역도산은 이방인에 대한 스모계의 부당한 대우에 반발하여 1950년 스모를 그만두고 프로레슬링을 시작하였다. 일본계 미국인

프로레슬러 해롤드 사카타와의 우연한 만남이 프로레슬링에의 입문으로 이어진 것이다. 역도산은 미국 하와이에서 프로레슬러로 활동하면서 인맥을 넓혔고 프로레슬링 프로모터 자격도 얻었다.

1953년 일본으로 돌아온 역도산은 일본프로레슬링협회를 창설했고 미국의 유명 프로레슬러들을 초청하여 경기를 벌였다. '빨간 머리, 파란 눈'을 가진 미국 선수들을 역도산이 가라테춉(당수 치기)으로 때려눕히는 장면에 일본 사람들은 열광했다. 태평양 전쟁에서 미국에 진 분풀이를 역도산이 대신해주는 듯했기 때문이다.

최고 프로레슬러이자 사업가였던 역도산

역도산의 활약은 개통된 지 얼마 안 된 TV 방송의 힘을 입어 더욱 큰 반향을 일으켰다. 그의 경기는 일본 전역에 방영되었고 그는 일본에서 가장 인기 있는 스포츠 스타가 되었다. 최고조에 달한 인

기 덕분에 편지 봉투에 주소 없이 '일본 역도산'이라고만 써도 역도산의 집으로 배달된다는 말까지 생겨났다. 역도산의 제자이며 우리나라 프로레슬러 1세대인 김일이 일본행 밀항선을 탔다가 체포되어 복역하던 중 "프로레슬러가 되고 싶다"라고 쓴 편지를 '일본 역도산'이라고 적힌 봉투에 담아 보냈는데 그 편지가 역도산에게 전달되었다는 실례도 있다.

역도산은 1963년 봄, 우리나라에 와서 고국의 체육 발전을 위해 스포츠센터를 건립하겠다고 약속했다. 그러나 그해 12월, 도쿄의 나이트클럽에서 야쿠자 조직원이 휘두른 주머니칼에 찔려 병원에서 치료받던 중 숨을 거두었다. 39세의 젊은 나이였다. 스타를 넘어 영웅에 가까웠던 그의 장례식에는 국장(國葬)을 방불케 할 만큼 수많은 추모 인파가 몰려들었다.

역도산이 일본에서 자리 잡기까지 겪은 수많은 애환은 "고향에서는 참 많이 웃었는데 일본에 오니까 웃을 일이 없더라. 웃으면 가난한 조센징이 웃는다며 미쳤다고 하더라"라는 그의 말에서 엿볼 수 있다. 이방인이 겪어야 하는 어려움을 알았던 역도산은 일본 사회에서 가능한 한 자신의 출신을 드러내지 않았다고 한다.

"밥에 도라지를 넣고 비벼 먹고 싶다"

김일은, 역도산이 제자들을 지도할 때나 사석에서나 한국어를 절대 쓰지 않았다고 증언했다. 그런 역도산이 언젠가 김일과 단둘이 있을 때 느닷없이 "밥에 키쿄[桔梗, 길경]를 넣고 비벼 먹고 싶다"라고 했다고 한다. 김일이 "키쿄가 뭡니까?"라고 묻자 역도산이 "기쿄가 뭔지 모르나? 도라지란 뜻이다"라고 대답하며 분명한 한국말로 '도라지'라고 했다는 것이다. 결국 '도라지'는 김일이 역도산에게서 들은 처음이자 마지막 한국말이 되었다.

물론 역도산이 말한 '도라지'는 꽃이 아니라 뿌리로 요리한 나물이었을 것이다. 도라지나물을 넣은 비빔밥은 그에게 간절하게 떠오르는, 어머니의 손맛이 담긴 '고향 음식' 아니었을까? 사실 보라색 혹은 하얀색 도라지 꽃을 보며 뿌리를 찢어서 만든 나물과 연관 짓기는 쉽지 않다. 하지만 꽃과 뿌리를 어찌 따로 떼어 생각할 수 있겠는가.

역도산도 겉으로는 철저히 일본인으로 살았지만 자신의 뿌리가 한반도에, 한민족에 닿아 있음을 한순간도 잊을 수 없었을 것이다. 그래서 한일국교정상화가 되기 전에도 고국을 도울 방법을 찾느라 고심했고 그 속사정은 그의 아내 다나카 케이코의 자서전을 통해 밝혀졌다. 역도산 사후 40년 만에 출판된 이 책이 그동안 엇갈려 왔던 역도산에 대한 평가를 정리하는 데 도움이 되었기를 바란다.

연못을 장식하는 '잠자는 연꽃' 수련
30여 년 동안 수련 그리기에 몰두한 클로드 모네

수련을 연꽃의 한 종류로 알고 있는 사람이 많다. 하지만 수련은 수련목 수련과, 연꽃은 프로테아목 연꽃과 식물로 이 두 식물의 분류상 거리는 아주 멀다. 두 식물은 꽃과 잎의 모양은 물론 서식하는 모습도 전혀 다르다. 수련은 잎과 꽃이 수면에 붙어서 자라는데 연꽃은 꽃대와 잎이 물 밖으로 올라와 자라고 꽃도 물 표면과 떨어져 핀다.

한낮에 피어 저녁에 오므라드는 수련의 습성

수련의 '수' 자는 '물 수(水)' 자가 아니라 '잠잘 수(睡)' 자이다. 수련 꽃은 사흘 정도 피어 있는데 그동안 꽃잎이 열렸다 닫혔다를 반복한다. 연꽃은 새벽에 만개하여 낮에 닫히거나 시드는 데 비해 수련은 한낮에 피기 시작하여 저녁에 오므라드는 습성이 있다. 그래서 '잠자는 연꽃'이라는 이름이 붙은 것이다.

　수련을 보면 '인상주의의 아버지' 클로드 모네(Claude Monet)가 곧바로 연상된다. 만년에 수련 연작 작업을 시작한 모네는 세상을 떠날 때까지 250여 점에 달하는 수련 그림을 남겨 '수련의 화가'로 불리기도 한다.

　모네는 젊은 시절부터 밝은 야외 광선 묘사에 관심을 가졌고 여러 가지 시도를 통해 새로운 화풍을 만들어나갔다. 1874년 모네는 동료 화가들과 함께 전시회를 개최했는데 출품된 작품들은 사람들로부터 비난과 공격을 받았다. 이 전시에 참여한 신진 화가들은 살롱전의 전통 방식과는 다른, 과감하고 거친 화법의 그림을 내놓았기 때문이다.

　특히 르아브르 항의 풍경을 담은 모네의 작품 '인상, 해돋이'가 가장 심한 비난을 받았다. 대상의 형태가 명확하지 않고 지나가는 순간을 화폭에 담은 이 작품에서 '인상파'라는 용어가 생겨났는데 이는 모네의 작품을 비웃는 데서 만들어진 말이다. 하지만 모네는 아랑곳하지 않고 빛과 기후 조건에 따른 풍경 변화를 포착하는 자신의 화풍을 확립해 나갔다.

30여 년 동안 수련 그리기에 몰두한 모네

모네는 시시각각 변화하는 대상의 다양한 모습을 화폭에 담는데 일생을 바쳤고 하나의 주제를 연작으로 그리는 데도 열정을 쏟았다. 1877년 모네는 시간에 따라 달라지는 파리 생라자르역 전경을 여덟 장의 화폭에 담았는데 이것이 연작 작업의 시작이었다. 그의 연작 중 가장 대표적인 작품은 수련 연작이다.

모네는 프랑스 지베르니에 농가와 작은 습지를 사들여 연못이 있는 일본식 정원을 만들었는데 이 정원은 만년의 그에게 예술적 영감의 원천이 되었다. 모네는 20여 년 동안 이 정원에서 수련을 그리는 데 몰두했다. 1909년에 열린 개인전에 출품된 작품 중 절반은 수련이 핀 연못 그림이었는데 이 작품들은 큰 호평을 받았다. 1914년, 모네는 친구 조르주 클레망소의 권유로 대형 수련 그림을 그리기 시작했다. 그는 이 작품들을 그릴 수 있는 넓은 작업실을 손수 지었고 그곳에 틀어박혀 수련을 그리는 데 다시 10년을 보냈다.

필생의 걸작이 완성되어가는 동안 모네는 점차 노쇠해졌고 특히 시력이 나빠진다는 치명적인 문제에 직면했다. 1912년 백내장 진단을 받은 모네는 빛은 감지하지만 색이나 형태를 볼 수 없는 지경에 이른 1923년에 수술을 받았다. 아직 의학이 발달하지 않은 당시의 백내장 수술은 수정체를 제거하는 것이었다. 수정체가 없으면 사물을 볼 수는 있지만 심한 원시가 되고 빛의 굴절을 조절하는 능력을 잃게 된다.

백내장을 앓으면서도 계속된 '수련 연못' 작업

백내장을 앓을 때 모네에게 세상은 붉은색과 노란색 계열로 흐릿하게 보였고, 수술 후에는 파란색과 보라색 계열로 흐릿하게 보였다. 그러나 그는 자신의 눈에 보이는 그대로 빛을 포착해 캔버스에 담아냈다. 모네는 "나는 다만 우주가 나에게 보여 주는 것을 보고 그것을 붓으로 증명하고자 했을 뿐이다"라고 말하며 이 시기에 '수련 연못' 연작 여덟 점을 만들어냈다.

파리 오랑주리 미술관은 모네가 조국 프랑스에 기증한 '수련 연못' 여덟 점을 보관하고 전시하기 위해 만들어졌다. 여기 전시된 그림 중 가장 큰 작품 '버드나무 두 그루(The Two Willows)'는 그 크기가 200 × 1700cm에 이른다. 가로로 길다란 그림 양쪽 끝에 각각 버드나무 한 그루씩 서 있고 그 사이에 있는 연못에는 수련이 가득 피어 있다.

　모네의 대형 수련 그림을 가까이 다가가서 보면 꽃이 아니라 물 감 범벅이 보일 뿐이다. 그런데 뒤로 물러서서 보면 물에 떠 있는 아 름다운 수련 꽃과 잎들이 그 자태를 뽐낸다. 캔버스 앞에 바짝 서서 물감을 얹었을 텐데 멀리서 보면 자신이 원하는 형태로 보일 것이라 어떻게 알았을까?

　모네와 수련을 떠올리면 세상의 거의 모든 관계에 적용되는 이치 들을 깨닫게 된다. 가까이서 봤을 때 보이지 않던 가치가 한 발짝 물 러서서 보면 눈에 들어오기도 한다는 것, 같은 장면이라도 상황에 따 라 다르게 보일 수 있다는 것, 수많은 경험을 쌓으면 당장 눈앞에 보 이는 것 이상의 결과를 예측할 수 있다는 것. 모네가 현상 그 너머에 있는 아름다움을 구현하는 데는 무엇이 필요했겠는가? 결국 상상 이상의 노력과 신념 아니겠는가?

분카 대화재 이후 일본에 찾아온 나팔꽃 붐

에도 시대에 활기 띤 나팔꽃 품종 개량

나팔꽃은 아침에 피었다가 한나절만에 지기 때문에 영어로 모닝글로리라고도 한다. 그런데 모닝글로리는 1,000여 종에 달하는, 나팔처럼 생긴 메꽃과 꽃을 모두 아우르는 이름이다. '아침의 영광'이라는 멋진 뜻을 담고 있지만 모든 모닝글로리가 다 아침에 피는 것은 아니고 메꽃처럼 때를 가리지 않고 피어나는 종도 있다.

대기 오염 측정 도구로 쓰이는 예민한 식물

나팔꽃은 예민한 식물이다. 오존·이산화황 등 대기 오염 물질의 아주 적은 양에도 민감하게 반응하여 잎 표면에 붉은 반점을 만든다. 그래서 나팔꽃은 대기 오염 측정이나 관련 실험에 유용하게 쓰인다. 또 아래쪽 덩굴의 잎이 오염되어도 위쪽에 새로운 잎이 계속 자라는 습성 덕분에 시간에 따른 오염 정도를 알아내는 데도 도움이 된다고 한다.

『세종실록지리지』에 경기도, 충청도, 전라도, 황해도, 강원도에서 재배하는 약재로 기록된 것으로 보아 나팔꽃은 조선 초기에도 이미 한반도에서 자라고 있었음을 알 수 있다. 중국에서는 4세기부터 약 초로 널리 쓰였는데 나팔꽃 씨앗은 소 한 마리와 바꿀 정도로 값어 치가 있다 하여 '견우자(牽牛子)'라 불리기도 했다.

나팔꽃은 현재 일본에서 가장 흔히 만날 수 있을 뿐더러 일본 사람들에게 각별히 사랑받는 식물 중 하나이다. 일본에서 나팔꽃은 여름철을 상징하는 꽃이며 초등학교 꽃 키우기 과제로 가장 많이 쓰이는 식물이기도 하다.

나팔꽃이 일본 문화에 본격적으로 등장한 것은 에도 시대부터이다. 에도는 지금의 도쿄 지역인데 도쿠가와 이에야스가 에도를 중심으로 이뤄낸 에도 바쿠후[幕府]가 집권하던 때를 에도 시대라 한다. 도쿠가와 이에야스는 1615년 도요토미 가문을 멸망시키고 천하 패권을 확립하며 일본 전국 시대의 마침표를 찍었다.

놀라운 경제 성장을 이룬 에도 시대

1630년 무렵 에도 바쿠후는 쇄국 정책을 채택했다. 내국인의 외국 여행을 금지했고 나가사키를 통해 교역하던 중국과 네덜란드 상인 외에는 외국인과의 접촉을 막았다. 가톨릭 선교사들을 앞세운 에스파냐와 포르투갈의 식민지 확장 정책이 일본에도 위협이 될 것이라 생각했기 때문이다.

쇄국 정책에도 불구하고 1680~1700년대 초 일본 경제는 빠른 속도로 성장했다. 견직물과 종이 산업, 도자기 산업, 양조업 등이 번창하면서 이 제품들의 생산과 교역이 활발히 이루어졌다. 에도는 물론 오사카, 교토 등이 대도시로 발전했고 상업 발전에 따라 등장한 부유한 상인 계층은 도시의 문학과 예술 발전에 기여했다.

상인들과 수공업자가 약진한 반면 농업 생산에 수입을 의존했던 다이묘와 사무라이들은 세력을 잃고 재정적 어려움을 겪게 되었다.

막판에 에도 바쿠후는 농민이나 사무라이들의 봉기, 밀려드는 서양의 침략 위협에 시달렸다. 1860년대에 이르러서는 이런 심각한 문제들의 해결을 천황의 직접 통치에 맡겨야 한다는 요구가 커졌다.

에도 시대는 1867년 11월의 다이세이호칸[大政奉還] 때까지 약 252년 동안 지속되었다. 다이세이호칸은 에도 바쿠후 제15대 쇼군인 도쿠가와 요시노부가 국가 통치권을 메이지 천황에게 반납한 사건이다. 요시노부는 새로운 정치 체제 아래서 권력을 다시 손에 넣을 수 있으리라 생각했기에 자발적으로 통치권을 내놓았다. 그러나 이 사건은 에도 바쿠후가 사라지고 일본 근대화가 시작되는 역사적 계기가 되었다.

나팔꽃 붐은 에도 시대의 안정과 평화를 증명

에도 시대에는 나팔꽃 개량종이 쏟아져나오고 나팔꽃 붐이 일어났다. 그 계기는 1806년에 일어난 분카[文化] 대화재로, 이때 불에 탄 폐허에서 이상한 모양의 나팔꽃들이 발견되었다고 한다. 엄청난 온도 변화 때문에 성분이 달라진 토양에서 생겨난 일종의 변종이었던 것이다. 이를 계기로 일본 사람들은 나팔꽃 개량에 힘을 기울였는데 이 시기에 개량된 품종을 '변화 나팔꽃'이라고 한다.

에도 시대 말에 이르러서는 일본에서 개량된 나팔꽃 품종이 1,200여 종에 달했다고 한다. 애호가들은 희귀한 품종을 사들여 진열하며 수집 취향을 과시했고 그 과정에 원예 문화도 급속도로 발전했다. 나팔꽃 그림이나 재배 방법을 다룬 책들이 출판되었으며 나팔꽃을 고가에 거래하는 전문 상인들도 등장했다.

에도 시대는 전란이 끊이지 않았던 이전 시대와는 달리 큰 혼란

이나 전쟁 없이 평화가 유지된 시기였다. 나팔꽃 붐은 에도 시대가 그만큼 사회적으로, 경제적으로 안정되었다는 증거이기도 하다. 사람들이 관상용으로 식물을 키우고 한가롭게 꽃을 즐기는 것은 먹고 살 만한 평화 시에나 가능한 일이기 때문이다.

화마가 휩쓸고 지나간 자리에 피어난 새로운 모양의 꽃, 여기에 활발하게 이어진 품종 개량. 엄청난 재난 뒤에도 희망의 싹이 트고 그 희망을 바탕으로 새로운 역사를 펼쳐가는 의지의 서사시와 같은 얘기다. 어두운 밤이 지나고 해가 뜨면 나팔을 활짝 펼쳐 '아침의 영광'을 찬미하는 나팔꽃. 문득 영화 '바람과 함께 사라지다'의 대사가 떠오른다.

"내일은 내일의 태양이 뜬다."

백성들을 따뜻하게 해준 고마운 목화

문익점이 원나라에서 가져온 '의복 혁명'의 씨앗

꽃들을 유심히 관찰해보면 그 성질이 참 다양하다는 것을 알 수 있다. 아침이든 저녁이든 정해진 시간에만 꽃을 피우고 그 시간이 아니면 언제 그랬느냐는 듯이 꽃잎을 다물어버리는 꽃이 있는가 하면 며칠을 꿀까지 뚝뚝 떨어뜨리며 벼르듯 꽃망울만 키우다가 어느 날 밤 기습적으로 피고 다음 날 아침이면 말끔히 지는 꽃도 있다. 심지어 분명히 꽃처럼 생겼는데 구조상 '꽃'이 아니라는 꽃도 있다.

목화꽃도 특이한 성질을 가진 꽃 중 하나이다. 우리나라에서 흔히 볼 수 있는 품종의 꽃은 아침에 은은한 미색으로 피었다가 저녁에 오므라들면서 분홍색으로 변한다. 며칠 후 꽃은 떨어지고 삼각형 작은 꼬투리가 맺히는데 이것이 '다래'이다. 그 다래 안에서 만들어진 솜털이 면직물이나 솜의 원료가 된다.

목화 재배에 성공하고 보급에 앞장선 정천익

고려 말 문익점이 원나라에서 돌아올 때 목화 씨앗을 붓 대롱에 숨겨왔다고 알려졌지만 조선 〈태조실록〉 문익점 졸기에는 '길가의 목면 나무를 보고 그 씨 10여 개를 따서 주머니에 넣어 가져왔다'라고 쓰여 있다.

국내에서 목화 재배와 보급에 힘쓴 사람은 문익점이 아니라 그의 장인 정천익이다. 정천익은 자신이 거둔 목화 씨앗을 이웃에 나누어주면서 재배할 것을 권장했다. 어느 해인가 홍원이라는 중국 승려가 정천익의 목화를 보고 반가워하며 실 뽑고 베 짜는 기술을 가르쳐주고 기구까지 만들어 주었다. 베 짜는 기술은 이웃에 전해졌고 10년도 채 되지 않아 전국에 보급되었는데 이런 기록도 〈태조실록〉에 남아 있다.

어찌 되었든 문익점이 목화 씨앗을 원나라로부터 가지고 온 것

은 사실인 듯하다. 한반도에서 그 이전에도 재배되었다는 설이 있지만 목화가 민간에 널리 보급된 것은 문익점 이후이다. 그런 점에서 보면 문익점이 목화를 들여온 것은 가벼운 일이 아니다. 한겨울에도 베옷을 입고 지냈을 서민들이 솜옷을 입게 되었으니 아마 평균 수명도 몇 해 늘어나게 했을 법한 혁명적 사건이다.

예나 지금이나 목화는 전 세계적으로 굉장히 소중한 식물이다. 목화는 남북전쟁의 원인이, 영국 산업혁명의 원동력이 되기도 했다. 솜이나 옷감도 만들지만 무르익은 다래를 따고 남은 줄기는 땔감으로 사용했고 그 씨로는 기름도 짰으니 그야말로 버릴 것 없는 유익한 작물이다.

목화꽃을 가장 좋아한 왕비 후보자

조선 21대 국왕 영조의 계비 정순왕후 김씨는 왕비로 간택될 때 어떤 꽃을 제일 좋아하느냐는 영조의 물음에 목화라고 대답했다. 다른 꽃들은 한 시절만 화사하게 피지만 목화는 백성의 옷이 되어 평생 따뜻하게 해주는 공이 있다는 설명도 덧붙였다.

15세 때 66세 영조의 계비가 된 정순왕후가 간택 자리에서 당차고 영리한 면모를 보였다는 일화는 더 있다. 세상에서 가장 깊은 것이 무엇이냐고 영조가 물으니 정순왕후는 인심이 가장 깊다고 말했고, 세상에서 가장 높은 고개가 무엇이냐는 물음에는 보릿고개라는 답을 하여 사람들의 눈길을 끌었다. 또 간택 장소에서 다른 후보들은 놓인 대로 방석에 앉았지만 김씨는 방석을 치우고 자리에 앉았다. 그 이유를 묻자 김씨는 방석에 아버지 이름이 적혀 있기 때문이라고 대답했다.

노론 가문의 딸이었던 정순왕후는 사도세자를 죽음으로 몰아가는 데 한몫을 했다. 그래서 정순왕후는 정조 즉위 후 대비가 되었지만 숨죽이며 살아야 했다. 하지만 정조가 세상을 떠나고 11세의 순조가 즉위하자 다시 기회를 맞이했다. 어린 순조 뒤에서 수렴청정을 했기 때문이다.

정순왕후는 사도세자에게 우호적이던 시파 인사들을 대대적으로 숙청했다. 그 작업의 하나가 천주교 박해였다. 시파 인사 중 남인들이 천주교에 많은 관심을 가졌기 때문이다. 정순왕후는 다섯 집씩 묶어 서로 감시하게 하고 문제가 생기면 다섯 집을 모두 처벌하는 오가작통법을 통해 천주교 말살 정책을 시행하였다.

정조가 수립한 정치 질서를 부정했던 정순왕후

1801년 신유사옥이라 불리는 천주교 박해는 남인과 실학자를 제거하기 위한 정권 다툼의 결과였다. 물론 겉으로는 천주교 교리가 유교 이념이 바탕이 된 조선의 전통 체제를 흔든다는 명분을 내세웠

다. 이때 천주교도 300여 명이 처형되었고, 종친인 은언군(철종의 할아버지)도 사사되었으며 정약용·정약전 형제는 전라도에 유배되었다.

정순왕후는 정조가 수립한 정치 질서를 부정하고 정조의 개혁 방향과 반대 방향으로 노선을 밀고 나갔다. 그런 정순왕후도 막지 못한 일이 있었는데 바로 시파였던 안동 김씨 가문에서 손주며느리가 들어오는 것이었다. 정순왕후가 수렴청정을 거두자, 그녀의 친정 인물들을 비롯한 벽파는 조정에서 대부분 숙청되었고 60여 년 동안 지속된 안동 김씨 세상이 시작되었다.

백성을 따뜻하게 해주기에 목화꽃을 좋아하고 보릿고개의 애환과 인심의 중요함을 알았던 정순왕후는 애민 정신의 소유자인 듯하다. 그러나 수렴청정 동안 백성을 사랑하는 마음으로 정사를 돌봤다는 흔적은 찾을 수 없다. 역사책을 기록한 사가들이 정조를 숭모하는 마음에 정순왕후의 업적을 폄훼한 것일까? 역사의 진실에 다가가는 길은 참 멀고도 험하다.

'꽃 피는 대나무'라 불린 닭의장풀

닭의장풀을 가까이 두고 즐겼던 두보

 '달개비'로도 불리지만 '닭의장풀' 혹은 '닭의 밑씻개' 등 야릇한 이름을 지닌 이 식물의 꽃은 주로 아침에 핀다. 이슬이 맺힌 채 피어나고 해질 무렵 꽃잎을 닫는 '하루살이 꽃'으로, 영어 이름도 '데이플라워(dayflower)'이다.

 닭의장풀이란 이름이 붙은 이유로는, 닭장 주변에 흔히 자라는 풀이어서, 꽃잎 모양이 닭 벼슬 닮아서, 가늘고 속이 비어 있는 줄기가 닭 창자를 같아서, 양 갈래로 나뉜 꽃 모양이 닭 모래집 비슷해서 등 여러 가지 설이 있다.

전란 등으로 파란만장했던 두보의 일생

 닭의장풀은 주변에서 흔히 볼 수 있고 번식력도 뛰어나 잡초 취급을 받기도 한다. 그런데 닭의장풀을 매우 좋아했던 당나라 시인 두보는 이를 마디째 뜯어다 수반에 꽂아 가까이 두고 보는 것을 낙

으로 삼았다고 한다. 두보는 닭의장풀을 '죽절채'라고 불렀는데 그 잎이 댓잎과 흡사해 '꽃 피는 대나무'라 이름 붙인 것이다.

시성(詩聖)이라 불리는 두보는 끊임없이 이어지는 전란과 재해 때문에 피란을 다니거나 가족과 헤어져 외롭고 불안한 나날을 보내는 등 파란만장한 일생을 살았다. 두보를 특히 힘들게 했던 재앙은 안녹산의 난이었다. 755년 안녹산의 난이 일어나자 가족과 함께 피란 길에 올랐던 두보는 가족을 강촌에 남겨두고, 새로 즉위한 황제 숙종을 찾아 닝샤성으로 향했다. 하지만 황제를 만나기도 전에 반란군에게 붙잡혀 수도 장안으로 끌려갔다.

두보는 장안에 억류되어 지낼 무렵의 심경을 '춘망(春望)'이라는 한시에 담았다.

나라가 망하니 산과 강만 남아 있고(國破山河在) / 봄이 온 성에는 풀과 나무만 무성하구나(城春草木深) / 시절을 생각하니 꽃이 눈물 흘리게 하고(感時花濺淚) / 이별한 새는 마음을 놀라게 하는구나(恨別鳥驚心) / 봉화 연기가 석 달 동안이나 계속되니(烽火連三月) / 집에서 온 편지는 만금보다 값지다(家書抵萬金) / 흰 머리를 긁으니 머리카락이 또 짧아지고(白頭搔更短) / 이제는 비녀조차 꽂지 못하겠구나(渾欲不勝簪)

안녹산의 난이 일어난 때 당나라 황제는 현종이었다. 현종의 통치 초기는 '개원의 치'라고 일컬을 정도로 태평성대였다. 경제적 번영을 이룬 것은 물론 실크로드를 통해 당나라의 선진 문화가 서역으로 전파되었고 서역과 활발한 교역을 이룬 장안은 국제 도시로 인정받았다.

당나라를 뿌리째 흔들어놓은 안사의 난

그러나 양귀비를 들인 이후 현종은 정치에 무관심해졌다. 이임보라는 재상이 나랏일을 대신했는데 그는 사리사욕만 챙기는 전형적인

탐관오리였다. 그는 자신의 자리를 유지하기 위해 귀족 세력을 견제했고 이민족 출신을 변방의 절도사로 등용하자고 주장하기도 했다. 그 덕분에 이민족으로서 절도사가 된 인물 중 하나가 안녹산이다.

페르시아인 아버지와 돌궐인 어머니 사이에서 태어난 안녹산은 당나라 군대에 들어가 변방 토벌 작전에서 많은 공을 세웠다. 그는 권모술수로 현종과 양귀비의 신임을 얻었는데, 불뚝한 그의 배에 무엇이 들었느냐고 현종이 묻자 안녹산은 충성심이 가득 들었다고 대답할 정도로 아첨을 일삼았다. 양귀비보다 열 살 넘게 나이가 많았지만 안녹산은 자신을 양아들로 삼아달라고 양귀비에게 간청하기도 했다.

이임보가 세상을 떠나자 양귀비의 사촌 양국충이 재상이 되었다. 권력 다툼에서 밀려난 안녹산은 755년 반란을 일으켰고 이듬해 자신이 세운 나라 대연(大燕)의 황제가 되었다. 반란군이 장안으로 쳐들어오자 현종은 피란을 떠났지만 황제를 호위하던 금위군이 양국충을 제거하고 양귀비도 죽일 것을 현종에게 강요했다. 결국 양귀비는 스스로 목숨을 끊었고 현종은 황제 자리에서 물러나야 했다.

길게 이어진 전란 속에 '짧았던 즐거움'

757년 안녹산이 부하 안경서에게 살해되었지만 전란은 끝나지 않았다. 이듬해 안경서의 부하 사사명이 반란을 일으켜 대연 황제 자리를 빼앗았다. 안녹산의 난이 사사명의 난으로 이어졌고 이 '안사의 난'은 10년 가까이 계속되었다. 이 전란으로 큰 타격을 입은 당나라는 국력을 회복하지 못하고 망국의 길을 걷게 되었다.

말년의 두보는 '강남봉이구년(江南逢李龜年)'이라는 시를 지었다. 당대 최고의 명가수 이구년과의 만남을 노래한 이 시에서는 삶에 지친 두보의 허무감이 강하게 느껴진다.

기왕의 저택에서 (당신을) 늘 보았고(岐王宅裏尋常見) / 최구의 집에서도 수없이 (당신의 이야기를) 들었소(崔九堂前幾度聞) / 바로 경치 좋은 이곳 강남에서(正時江南好風景) / 꽃 지는 시절에 그대를 또 만났구려(落花時節又逢君)

닭의장풀의 꽃말은 '짧았던 즐거움'이다. '짧은'이 아니라 '짧았던'이라 과거 시제를 꽃말에 사용한 것이 왠지 예사롭지 않다. 일생 전란과 재해에 휩쓸려 살았던 두보의 삶에서 편안하고 즐거웠던 시절은 얼마나 될까? 유난히 굴곡진 두보의 삶이 아니더라도 거의 모든 인생은 '하루살이 꽃'처럼 짧고 허망하다. 힘든 세월을 정신없이 지내고 어느 순간 거울에 비친 자신을 보면 어느새 '꽃 지는' 때가 되었음을 깨닫게 된다. 이것이 대부분 인생의 모습이 아닐까?

46

하얗게 부서지는 파도 같은 메밀꽃밭

'히수무레하고 수수하고 슴슴한' 국수의 재료

바다에서 파도가 일었을 때 하얗게 부서지는 물거품을 메밀꽃이라 부른다. 마치 안개꽃처럼 작고 하얀 꽃이 만개한 메밀밭을 연상케 하기 때문이다. 이효석은 단편 소설 '메밀꽃 필 무렵'에서 눈 쌓인 들판처럼 한밤중에도 주변을 환하게 밝혀주는, 꽃이 흐드러지게 핀 메밀밭을 서정적으로 묘사했다.

한밤중에도 주변을 환하게 밝혀주는 메밀꽃

이 소설에서 주인공 허 생원과 그 일행은 장사가 신통찮은 봉평장에서 일찌감치 철수하여 다음 행선지인 대화장으로 길을 잡았다. 낮에는 장사해야 하므로 주로 밤에 이동하는데 그날 밤에는 마침 보름달이 뜬 데다 메밀꽃이 활짝 피어서 산길은 밝고 꽃향기로 가득차 있었다.

이 길에서 나눈 대화로 허 생원은 일행 중 한 명인 동이가 자신의

아들일지도 모른다고 생각한다. 동이의 어머니가 자신이 평생 마음에 담아둔 여인일 수도 있다는 기대에 그녀가 산다는 충주로 동이와 함께 가보기로 한다. 지금 관점에서 보면 어설픈 복선도 눈에 뜨인다. 하지만 1936년에 쓰인 이 작품에서 여운을 남기는 열린 결말 등 현대적 요소가 사용되었다는 점만으로도 이 소설의 문학사적 가치가 돋보인다.

메밀을 꽃으로 감상하는 것은 초가을 한철이지만 메밀 알곡은 국수 등으로 일년 내내 즐길 수 있다. 평안남도 정주 출신인 시인 백석은 메밀 냉면의 맛은 물론 국수를 준비하고 먹기까지의 흥취를 '국수'라는 시에 낱낱이 표현해놓았다.

우선 마을 사람들이 모여 국수를 만들어 먹는 날은 '눈이 많이 와서 / 산엣새가 벌로 날여 멕이고 / 눈구덩이에 토끼가 더러 빠지기도 하'는 날이다. 한 마디로 일하기 마땅치 않은 날 국수 잔치를 벌이는 것이다.

‘애동들은 어둡도록 꿩 사냥을 하고 / 가난한 엄매는 밤중에 김치가재미(김칫독 묻어둔 움막)로 가고’ 어른 아이 할 것없이 국수 재료를 장만하느라 저마다 분주하다. 국수 재료인 메밀은 ‘어늬 양지 귀 혹은 능달 쪽 외따른 산옆 은댕이(가장자리) 예데가리 밭(산 위 비탈밭)에서’ 나와 ‘하로밤 뽀오한 힌 김 속에 접시 귀 소기름 불이 뿌우현 부엌에 / 산멍에(산무애뱀, 이무기) 같은 분틀(국수틀)을 타고’ 당도한다.

백석이 표현한 메밀 냉면의 맛과 흥취

국수 맛에 대해서는 ‘히수무레하고 부드럽고 수수하고 슴슴한 것’, ‘겨울밤 쩡하니 익은 동티미국을 좋아하고 얼얼한 댕추가루(고추가루)를 좋아하고 싱싱한 산 꿩의 고기를 좋아하고 / 그리고 담배 내음새 탄수 내음새 또 수육을 삶는 육수국 내음새 자욱한 더북한 삵방 쩔쩔 끓는 아르굳(아랫목)을 좋아하는 이것’이라고 표현했다.

이 국수는 '마을을 구수한 즐거움에 사서 은근하니 흥성흥성 들 뜨게 하며', '이 조용한 마을과 이 마을의 으젓한 사람들과 살틀하니 친한 것'이며 '그지없이 고담(枯淡)하고 소박한 것'인데 '아득한 녯 날 한가하고 즐겁든 세월로부터 / 실 같은 봄비 속을 타는 듯한 녀름 볓 속 지나서 들쿠레한 구시월 갈바람 속을 지나서 / 대대로 나며 죽으며 죽으며 나며 하는 이 마을 사람들의 으젓한 마음을 지나서 텁텁한(여러 겹 쌓인) 꿈을 지나서 / 지붕(지붕)에 마당에 우물 든덩에 함박눈이 푹푹 싸히는 여늬 하로밤 / 아배 앞에 그 어린 아들 앞에 아배 앞에는 왕사발에 아들 앞에는 새끼 사발에 그득히 사리워 오는', '반가운 것'이다.

백석의 다른 시 '산숙(山宿)' 중에는 '여인숙이라도 국숫집이다 / 모밀가루 포대가 그득하니 쌓인 웃간은 들믄들믄 더웁기도 하다 / 나는 낡은 국수 분틀과 그즈런히 나가 누워서'라는 구절이 있다. 앞의 시 '국수'에서 메밀이라는 단어는 사용되지 않았지만 백석이 시에 담은 '국수'의 재료가 메밀이었음을 짐작하게 해주는 작품이다.

논 농사에 실패했을 때 심는 대체 작물

예전에 메밀은 논 농사에 실패했을 때 심는 대체 작물로도 재배되었다. 〈태종실록〉 1414년 5월 14일 기사에는 '영길도(함경도) 갑산의 속현인 허천 등의 지경에 서리가 내렸다. …… 화곡(벼과 곡식)이 말라 죽으니, 모두 번경하여 메밀을 심었다'라고 쓰여 있다. 번경은 논이나 밭을 번갈아 경작하는 것을 말한다.

『동국세시기』에 의하면 태종 임종 무렵 가뭄이 심해서 태종은 자신이 죽어 혼이 있다면 비가 오게 하겠다는 말을 남겼고, 이후 태종

의 기일마다 비가 내렸는데 사람들은 태종이 상제에게 빌어 비가 내린 것이라며 이 비를 태종우(太宗雨)라고 불렀다고 한다. 위 실록 기사가 쓰인 음력 5월 14일은 태종우가 내린다는 5월 10일과 가까운 날짜이다. 서리뿐만 아니라 봄 가뭄에 시달릴 때인 것이다.

　메밀의 원뿌리는 땅속 90~120cm까지 달해 가뭄에 강하다고 한다. 그러니 가뭄이 심해 논바닥이 갈라질 지경이라도 메밀 농사는 지을 수 있었던 듯하다. 메밀은 아름다운 꽃으로, 재해에도 잘 자라나는 식량 작물로, 양봉을 위한 밀원 등으로 다양하게 유익한 식물이다. 그럼에도 메밀꽃이 어떻게 생겼는지 분명하게 아는 사람은 많지 않다. 자신의 존재가 부각되지 않아도 맡은 바를 다하는 성실한 일꾼을 닮았다고나 할까.

양귀비꽃은 호국 영령 추모의 상징

영국과 중국 사이의 외교적 문제가 된 양귀비꽃 배지

해마다 11월 11일에는 6·25전쟁 때의 유엔군 전사자들이 안장된 부산 유엔기념공원에서 '턴 투워드 부산(Turn Toward Busan)' 행사가 열린다. 이날 오전 열한 시에 맞춰 전 세계인이 부산을 향해 1분 동안 묵념을 하며 전사자들의 희생과 헌신을 기억한다.

제1차 세계대전 종전 기념일인 11월 11일은 영연방국가에서는 '영령기념일(Remembrance Day)'로, 미국에서는 제대 군인의 날로 기념되고 있다. 영연방국가 국민은 11월 한 달 동안 호국 영령들을 추모하며 양귀비꽃 배지를 가슴에 단다.

아편의 원료가 되는 양귀비는 80여 종 중 네 종류뿐

양귀비의 원산지는 지중해 연안으로, 그리스어 이름은 '오피움(opium)'이었고 '아편'은 이를 중국에서 음역하여 만든 용어이다. 아편이라는 마약의 원료가 되는 양귀비는 80여 종 중 네 종류뿐인데

우리나라에서는 이 품종들의 재배가 법으로 금지되어 있다. 그 외에 흔히 볼 수 있는 개양귀비 등 관상용 양귀비에는 마약 성분이 없다.

서양에서는 개양귀비꽃의 꽃말이 '죽어간 병사'로 알려져 있는데 그에 관련된 일화가 있다. 제1차 세계대전 중이던 1915년, 플랑드르 전선에 투입되었던 캐나다군 군의관 존 맥크래(John McCrae) 중령은 한 달 만에 친구 알렉시스 헬머 중위를 잃었다. 이후 그는 '플랑드르 들판에 양귀비꽃 피었네 / 줄줄이 서 있는 십자가들 사이에 / 그 십자가는 우리가 누운 곳 알려주는 표식이네'라는 내용을 담아 '플랑드르 들판에서'라는 시를 썼다.

이 시는 '우리는 편히 잠들지 못하리 / 여기 플랑드르 들판에 양귀비꽃이 자란다 해도'라고 마무리되는데 그때 그가 본 꽃은 개양귀비꽃이라 추측된다. 하지만 맥크래가 '포피(poppy)'라고 썼기 때문에 양귀비꽃으로 번역되었고 양귀비꽃은 비극적인 전쟁의 상징물이 되었다.

영국과 캐나다 사람들이 매년 11월 개양귀비꽃 모양의 배지를 달기 시작한 것은 1921년부터이다. 그런데 이 양귀비꽃 배지는 영국과 중국 사이의 외교적 문제가 되기도 했다. 2010년 11월에 데이비드 캐머런 영국 총리가 중국을 방문했는데 이때 총리를 비롯한 영국인들이 양귀비꽃 배지를 달고 있었던 것이다. 중국에서는 양귀비꽃 배지가 아편전쟁을 연상시킨다며 불편함을 드러냈지만 영국은 100년 가까이 내려온 자국의 전통이라며 이에 맞섰다.

중국인에게 아편전쟁을 떠올리게 하는 양귀비꽃

18세기 후반부터 영국은 중국과 활발하게 무역을 했다. 중국 차는 영국인에게 인기가 많았지만 중국인들은 영국이 파는 모직물이나 면직물에 별 관심이 없었다. 그래서 중국에 대한 무역 수지 적자를 면할 수 없었고, 영국은 이 문제를 해결하기 위해 중국에 아편을

팔기로 했다.

　영국은 인도에서 재배한 아편을 동인도회사를 통해 중국에 팔았고 인도에는 영국산 모직물을 팔았다. 영국은 인도로부터 받은 국제 화폐 은으로 중국 차를 수입했는데 이른바 삼각 무역이 이뤄진 것이다. 인도산 아편이 본격적으로 중국에 들어간 후 중국 사람들은 아편을 담배 피우듯 피웠고 중국 국민의 정신은 갈수록 피폐해졌다.

　중국은 아편 금지령을 내렸지만 거래는 좀처럼 줄어들지 않았다. 아편 단속을 위해 광둥성으로 보내진 관리 린쩌쉬[林則徐]는 아편 수입을 금지하고 영국 상인들로부터도 아편 2만 상자를 압수하여 녹여버렸다. 막대한 손해를 본 상인들은 자국 정부와 의회에 압력을 가했고 영국 의회는 중국을 침공하기로 결정했다. 영국군은 1840년 6월 마카오에 도착했고 제1차 아편전쟁이 시작되었다.

아편전쟁으로 엄청난 대가를 치른 중국

영국군은 양쯔강을 거슬러 난징으로 쳐들어갔다. 곧 수도 베이징에 들이닥칠 태세에 놀란 중국은 영국과 서둘러 강화했다. 제대로 싸워보지도 못하고 전쟁에 참패한 중국은 엄청난 대가를 치렀다. 몸집만 클 뿐 종이호랑이에 지나지 않는다는 것이 전 세계에 드러났고 거액의 전쟁 배상금과 아편값을 영국에 물어주게 되었다. 가장 큰 대가는 홍콩을 100년 동안 영국에 내줘야 한다는 것이었다.

제2차 아편전쟁은 영국의 트집으로 시작되었다. 영국 국기를 단 배를 중국 관리가 수색한 것이 문제가 되었는데 영국은 이 전쟁에 프랑스까지 끌어들였다. 광저우를 초토화한 영불 연합군은 베이징으로 쳐들어가 황제의 정원인 위안밍위안[圓明園]에까지 대포를 쏘았다. 이후 위안밍위안은 복구되었지만 일부 석조 건물은 아편전쟁 때 파괴된 채로 보존되어 있다.

호주에서는 제1차 세계대전 당시 튀르키예의 갈리폴리 상륙작전으로 전사한 호주군 8,500여 명을 기리기 위해 4월 25일을 '안작데이(Anzac Day)'로 정해 개양귀비꽃으로 만든 조화를 헌화한다.

어떤 전쟁이든 공격한 측이 있으면 공격당한 측도 있게 마련이다. 가끔은 뫼비우스의 띠처럼 가해자가 피해자가 되고 피해자가 가해자일 수도 있다. 그런 연유가 아니라도 양귀비를 비롯한 어떤 꽃도 어느 한쪽의 전유물이나 상징물이 될 수는 없다. 전쟁은 전쟁이고 꽃은 꽃이기 때문이다.

메마르고 척박한 곳에서도 잘 자라는 패랭이꽃

패랭이꽃을 노래한 고려 문신들

패랭이꽃의 한자 이름은 석죽화(石竹花)이다. '바위에 자라는 대나무꽃'이라는 뜻인데 이 이름은 다음과 같은 전설에서 유래되었다. 옛날에 힘센 장사가 있었는데 마을 사람들을 괴롭히는 돌 악령을 퇴치하고자 산에 올라가 그 돌을 향해 활을 쏘았다. 그런데 얼마나 힘껏 활시위를 당겼는지 대나무로 된 화살이 바위 깊숙이 박혀 빠지지 않았다. 그 후, 그 돌에서 대나무처럼 마디가 있는 꽃이 피어났는데 사람들은 이를 석죽화라 불렀다고 한다.

패랭이꽃 덕분에 요직 차지한 정습명

패랭이꽃은 옛날에 서민들이 쓰던 모자 패랭이와 비슷하게 생겼다고 하여 붙은 이름이다. 이름만으로도 소박하다는 느낌이 드는 패랭이꽃은 낮은 지대의 건조한 곳이나 모래땅, 바위 틈 같이 메마르고 척박한 곳에서도 잘 자라는 여러해살이풀이다. 한번 싹을 틔우면

10년 넘게 살면서 예쁜 꽃을 피우고 그 꽃과 열매를 그늘에서 말려
두면 약재로도 쓸모가 있다.

　고려 때 문신 정습명은 젊은 시절, 패랭이꽃의 이런 소박함에 자
신을 비유하여 시를 썼다. 이 시에서는 세간의 눈길을 끌고 사랑받는
모란꽃을 패랭이꽃과 대조하였는데 해석하기에 따라서는 알아주는
이 없어 뜻을 제대로 펴지 못하는 자신의 처지를 안타까워하는 내용
으로도 볼 수 있다.

세상 사람들은 모란의 붉음을 좋아하여 / 뜰 안에 가득 가꾸고 있구나
/ 누가 알랴, 거친 초야에도 / 예쁘게 피고 있는 꽃을 / 그 빛은 시골 연
못 속 달에 어리고 / 그 향기는 바람 언덕 나무로 흩어진다 / 궁벽한 시
골이라 부귀한 이 적어서 / 늙은 농부만 그 아름다움을 즐기노라

　그런데 당시 고려 왕이던 예종은 이 시 음송을 듣고 감동하여 정

습명을 홍문관 관리로 뽑았다고 한다. 정습명은 패랭이꽃 덕분에 요직을 차지한 셈이다. 예종 뒤를 이은 인종은 왕에게도 용감하게 직언하는 정습명의 기개를 높이 평가했고 모든 일은 정습명의 말을 따르라고 세자에게 유언하였다.

그러나 임금이 된 세자(의종)는 간신 무리에 에워싸여 정습명 같은 충언자를 멀리했다. 그래도 왕의 잘못에 거침없이 간언했던 정습명은 급기야 의종의 미움을 사게 되었다. 정습명은 다른 대신들의 무고에 시달리고 관직을 빼앗기는 지경에 이르자 스스로 목숨을 끊었다. 충신의 쓴소리에 귀를 닫은 의종은 이후 무신정변으로 왕의 자리에서 쫓겨났다.

무신들의 오래된 불만이 폭발한 무신정변

무신정변은 고려 사회에서 차별받던 무신들이 일으킨 사건이다.

고려는 건국을 이끈 무신들의 힘을 견제하기 위해 초기부터 문신 중심의 정치를 펼쳤다. 무신정변은 느닷없는 사건이 아니라 소외와 무시를 당하며 쌓여온 무신들 불만의 폭발이라 볼 수 있다.

의종은 궁궐 밖으로 자주 행차하여 문신들과 연회를 즐겼는데 이때 상장군 등 지위가 높은 무신도 호위병 노릇을 할 수밖에 없었다. 무신정변 거사 당일에는 임금이 보는 앞에서 결정적 사건이 벌어졌다. 문신들과 술 마시던 의종은 무신들을 불러내 오병수박희라는, 맨손으로 대결하는 무술 시범을 시켰다. 그런데 원로 대장군 이소응이 시합 중 힘에 부쳐 포기하려 하자 문신 한뢰가 이소응의 뺨을 때려 땅바닥에 쓰러뜨렸다.

그 모습을 본 의종과 문신들은 손뼉을 치며 크게 웃었고 야유도 퍼부었다. 그 자리에 있던 정중부는 "이소응이 3품 벼슬의 고관인데 어찌 이렇게 심하게 모욕을 주느냐"라며 한뢰를 꾸짖었다. 정중부도 문신에게 수모를 당한 적이 있었다. 김부식의 아들인 내시 김돈중이

왕의 호위를 맡은 정중부의 수염을 촛불로 그을린 것이다.

그날 저녁, 정중부 등 무신들은 "문신의 관(冠)을 쓴 자는 관직이 낮더라도 씨를 남기지 못하게 하라"라고 외치며 문신과 환관 등을 닥치는 대로 살해했다. 이날의 상황에 대해 『고려사절요』에는 "그 시체가 산처럼 쌓였다"라고 기록되어 있다.

"석죽이란 이름이 분수에 넘치는구나"

정권은 잡았지만 무신들은 그야말로 '피가 튀는' 권력 투쟁을 계속했다. 정변 주도 인물 중 하나인 이고는 이의방에게, 이의방은 정중부에게, 정중부는 경대승에게 죽임을 당했다. 경대승은 요절했고 횡포를 일삼던 이의민은 최충헌에게 피살되었다. 이후 4대 62년에 걸쳐 최씨 세습 정권이 이어졌고, 임유무를 마지막으로 무신 시대는 100년 만에 막을 내렸다.

무신 정권이 한창일 때 『동국이상국집』, 『동문선』 등 여러 권의 작품집을 남긴 이규보도 패랭이꽃에 대해 시를 썼다.

절조는 대나무처럼 고고한데 / 꽃이 피면 아녀자들처럼 곱기도 하다 /
가을을 못 이겨 떨어져버리니 / 석죽이란 이름이 분수에 넘치는구나

뛰어난 문필가이지만 최씨 정권에 기대 입신 출세와 자기 몸 지키는 데만 몰두했다는 평가를 받는 이규보. 정습명처럼 자신의 모습을 패랭이꽃에 비유하여 표현한 것은 아닐까? 이름은 얻었으나 절조를 제대로 지키지 못하니 그 이름이 분수에 넘친다는 의미의 구절, 그 구절이 심상치 않아서 드는 생각이다.

메리골드 꽃은 순수와 경건의 상징

독특한 냄새 풍기는 메리골드 잎은 벌레 기피제로 활용

국화과 일년초 식물인 메리골드의 원산지는 멕시코, 과테말라, 아르헨티나 등이다. 우리나라에서는 '천수국' 또는 '만수국'이라고도 부르는데 꽃 피는 기간이 길어서 붙은 이름이다. 메리골드는 한 번 심으면 쉽게 싹을 틔우고 웬만한 빛에서도 잘 자라기 때문에 마치 여러해살이풀처럼 길가나 들판에서 흔히 볼 수 있다.

1년 내내 피어나는 황금색 꽃

독특한 냄새를 풍기는 메리골드 잎은 벌레나 뱀을 쫓는 기피제로 활용된다. 또 메리골드 꽃에는 루테인 성분이 많이 함유되어서 봉오리째 말린 꽃차를 마시면 눈 건강에 도움이 되며 항염증 효능 덕분에 피부병 약에도 쓰인다고 한다. 번식이 잘 되고 꽃도 예쁘며 개화 기간이 길어서 꽃꽂이 재료로 인기가 있고 염료나 기름으로 만드는 등 쓸모도 많다.

메리골드는 '성모 마리아'와 황금빛 꽃 색깔을 나타내는 '골드'
가 이어진 이름이다. 메리골드는 거의 사철 꽃을 피우므로 1년에
20회 가까운 가톨릭의 성모 마리아 축일에 언제나 사용할 수 있기에
이런 이름을 얻었다고 한다. 유럽 사람들은 메리골드 꽃을 순수와
경건의 상징으로 여겨 종교 의식에 많이 활용하였다.

원산지 멕시코에서 메리골드는 '죽은 자의 날'을 기리는 데 없
어서는 안 되는 꽃이다. '죽은 자의 날'은 3,000년 전, 아스텍인들이
그 땅에 살던 때부터 계승된 멕시코 전통 축제이다. 이 의식은 매년
11월 1일부터 이틀 동안 진행되는데, 죽은 가족이나 친구의 영혼이
1년에 한 번, 이 기간에 돌아온다고 믿는 멕시코 사람들은 그 영혼들
과 함께 즐기기 위해 축제를 준비한다.

멕시코 사람들은, 죽은 자의 영혼이 가족이나 친구에게로 제대
로 찾아오도록 메리골드 꽃의 독특한 향기가 길잡이 역할을 한다고
믿어왔다. 그래서 길에 메리골드 꽃잎을 뿌리고 집안 곳곳을 꽃으로

장식한다. 메리골드 꽃과 함께 양초를 켜놓으면 돌아온 영혼이 산 사람처럼 즐겁게 지낼 수 있다는 얘기도 있다.

메리골드 꽃으로 만드는 오프렌다 제단

'죽은 자의 날' 멕시코 사람들은 해골 분장에 카트리나의 드레스 복장을 갖추고 거리에서 행진한다. 카트리나는 이날을 기리는 대표적 상징으로, 멕시코 예술가 호세 과달루페 포사다가 그린 귀부인 복장의 해골 캐릭터이다. 이는 누구든 결국은 다 죽어서 해골이 된다는 의미를 담고 있다.

돌아온 영혼을 환영하기 위해 오프렌다라는 제단을 만드는데 이 제단에는 사진과 음식, 망자가 생전에 쓰던 물건 등이 메리골드 꽃과 함께 놓인다. 또 이 축제 때 영혼이 돌아와 가족과 함께 식사한다고 믿기에 여러 가지 음식도 준비한다. 대표 음식은 설탕이 뿌려진

전통 빵 판 데 무에르토, 다양한 재료를 넣은 옥수수빵 타말레와 뜨거운 초콜릿 등이다.

아이들에게는 해골 모양의 설탕 캔디를 나눠주는데 여기에는 죽음을 친근하게 받아들이고 두려워하지 말라는 메시지가 담겨 있다. 죽음을 삶의 일부로 받아들이는 이 축제 때, 개나 고양이, 햄스터 같은 애완동물을 추모하기도 한다. 마치 할로윈 데이와 합동 제사를 섞어놓은 듯한 행사이다.

멕시코에서 영혼과 같은 꽃 메리골드가 인도에 전해진 것은 콜럼버스의 신대륙 발견 이후 포르투갈 사람들에 의해서였다. 그런데 오늘날 메리골드는 인도의 종교 행사, 장례식이나 추도식, 결혼식 등 다양한 의식에 빠짐없이 등장한다. 마치 조상 대대로 그래왔던 것처럼 메리골드는 인도 전통 문화 깊숙이 스며들어 있다.

꽃 중에 가장 존귀한 대접을 받는 꽃

인도에서 각종 행사나 의식이 열리는 장소에는 어김없이, 실에 꿴 메리골드 꽃이 다른 향기로운 꽃과 함께 장식된다. 더운 지역이 많은 인도에서, 게다가 사람이 많이 모이는 행사장에서 특이한 냄새를 풍기는 메리골드는 없어서는 안될 실용품이다. 우리가 장례식이나 제사 등 의식에서 반드시 향을 피우는 것과 비슷한 이치라 볼 수 있다. 벌레나 뱀의 접근을 막는 데도 유용하다.

인도에서 메리골드 꽃은 상징적 의미도 크다. 힌두교에서 메리골드의 노란색은 신성함을, 주황색은 순종을 상징한다. 이 신성함이 액운을 막아준다고 믿기에 종교 시설, 교통 수단, 건물 입구, 결혼식장 등을 메리골드 꽃으로 꾸민다. 인도 사람들은 주황색 메리골드 꽃과 흰색 재스민 꽃을 섞어 만든 화환을 많이 선물하는데 이는 명예, 존경, 행운의 상징으로 받아들여진다.

오래전 아스텍 사람들은 메리골드를 '태양의 꽃'이라 불렀다. 꽃의 화사한 노란색이나 주황색이 빛나는 태양을 닮았다고 생각했기 때문이다. 그래서 메리골드는 풍요와 생명력의 상징으로 태양신에게 바쳐졌다. 꽃 중에 가장 존귀한 대접을 받은 것이다.

다른 꽃들이 거의 다 사라진 늦여름까지 길거리에서 흔하게 볼 수 있는 메리골드 꽃이 알고 보니 이렇게 크고도 다양한 의미를 지니고 있었다. 의미를 두지 않으면 그저 그런 꽃에 지나지 않지만 의미를 찾고 그 이름을 불러주면 우리 삶에 소중한 존재로 다가온다. 물론 꽃만 그런 것은 아니리라.

겹꽃 피튜니아의 새로운 종자 개발한 우장춘
전 세계 공원이나 거리를 장식하는 생명력 강한 피튜니아

피튜니아는 우리나라 도시의 길거리에서 가장 흔하게 볼 수 있는 꽃이다. 늦은 봄부터 등장하는 피튜니아는 개화 기간이 길고 생명력이 강해서 전 세계 공원이나 가로등, 다리 난간 등을 장식하고 가로변 화단 조성하는 데 거의 빠지지 않는다.

피튜니아는 기르기 쉽고 씨를 언제 뿌리느냐에 따라 꽃 피는 시기도 조절할 수 있다. 즉, 봄에 꽃을 보려면 전 해 초겨울에, 여름에 꽃을 피우려면 이른 봄에 씨를 뿌리면 된다. 꽃 색깔은 흰색, 분홍, 노랑, 파랑, 보라, 자주, 빨강 등 거의 모든 색이 다 있을 정도로 다양하여 한 자리에서 오래 보아도 싫증나지 않는다.

세계적으로 유명한 우장춘의 종자 개발

원산지인 아르헨티나에서는 '페툰(petun)'이라고 부르는데 이는 담배를 뜻한다. 피튜니아 잎 모양은 물론 끈적거리는 부드러운 털이

있는 것까지 담뱃잎과 비슷하고 실제 담뱃잎과 함께 흡연용으로 쓰이기에 붙은 이름이다. 같은 이유로 만들어진 '애기담배풀'이라는 우리 이름도 있다.

피튜니아가 원산지 남아메리카를 떠나 전 세계로 퍼진 것은 1767년경 프랑스 식물학자의 눈에 띈 이후였다. 유럽으로 전해진 피튜니아는 여러 품종으로 개량되고 널리 전파되었다. 피튜니아 육종 중 우리나라 생물학자이며 농학자·원예학자인 우장춘이 만든 겹꽃 피튜니아는 세계적으로 유명하다.

원래 겹꽃 피튜니아는 암술이 퇴화해 종자 번식이 안 되고 꺾꽂이나 교배를 통해서만 번식이 가능했다. 그런데 꺾꽂이는 시간이 오래 걸리고 교배는 순종을 유지하기 어렵다는 문제점이 있었다. 이에 우장춘은 피튜니아 교잡 연구를 통해 종자로 번식하는, 절대 우성의 완전 겹꽃이 피는 종자를 세계 최초로 만들어냈다.

우장춘은 1916년 도쿄제국대 부설 농학실과를 졸업하고 일본

농림성 농사시험장에 취직하면서 당시 우리에게는 낯선 분야였던 육종학 연구를 시작했다. 육종학은 농작물이나 가축을 개량하여 새로운 품종을 만들어내는 농업 기술을 연구하는 학문이다.

다윈의 진화론을 수정할 만큼 파장 일으킨 우장춘의 논문

우장춘은 1935년 '배추속(Brassica) 식물에 관한 게놈 분석'이라는 논문을 발표하였다. 배추류와 양배추류의 교잡으로 유채를 만들어냈고 새로운 종의 탄생은 돌연변이가 아닌, 기존 종의 교잡으로도 가능하다는 걸 이 논문을 통해 증명했다. 우장춘은 1936년 이 연구 성과를 중심으로 도쿄제국대학에서 농학 박사 학위를 받았다.

그는 '우장춘의 삼각형'이라는 새로운 개념을 만들어냈는데, 이는 삼각형 꼭지점에 있는 식물들을 교잡하면 삼각형 변에 있는 다른 식물이 탄생한다는 이론이다. 우장춘의 연구 결과는 "종의 분화는 자연 선택만의 결과이다"라고 주장했던 다윈의 진화론을 수정해야 할 만큼 엄청난 파장을 일으켰다.

원래 우장춘이 농림성 산하 연구소 농장에서 박사 학위 논문을 위해 연구하던 주제는 피튜니아였다. 당시 피튜니아는 인기 있는 관상용 식물이었는데 그중 꽃이 화려하지만 번식이 까다로웠던 겹꽃 피튜니아는 희소성 때문에 엄청나게 비싼 값으로 거래되었다. 그런 상황에서 겹피튜니아의 새로운 종자를 개발한 우장춘의 성과는 학문적으로나, 상업적으로나 대단히 큰 가치를 지닌 것이었다.

그런데 피튜니아 연구가 그의 박사 학위 논문으로 이어지지 못한 데는 눈물겨운 사연이 있다. 1930년 우장춘이 연구하던 농림성 산하 연구소 농장에서 불이 났고 농장에 있던 그의 논문과 실험 자료가 모두 불타버린 것이다. 그 일 이후 우장춘은 피튜니아가 아닌, 유채 연구에 몰두하여 또 하나의 위대한 결과를 만들어냈다.

씨 없는 수박을 한국에 소개한 우장춘

해방 후 귀국한 우장춘은 순수 학문 연구보다는 우량 품종 개발에 더 힘을 쏟았다. 전쟁 등으로 피폐해진 우리 국토에서 실용성 높은 원예와 농업 발전이 급선무라고 여겼던 것 같다. 그는 한여름에도 평지 재배가 가능한 평지 여름 무, 중간 잡종에 의한 애호박, 당도 높은 금싸라기 참외, 고랭지 여름 배추 등 여러 우수한 품종을 육성하였으며 맛좋고 수확량 많은 품종의 감귤을 재배하도록 제주도에 제안하였다.

우장춘은 '씨 없는 수박을 처음 만든 사람'으로 알려져 있는데 이는 사실이 아니다. 실제로 씨 없는 수박을 최초로 만든 사람은 일본

교토대학의 키하라 히토시[木原均] 교수이다. 우장춘은 육종학과 개량 종자의 생산성 향상 등을 우리 국민에게 홍보하기 위해 씨 없는 수박과 그 종자를 국내에 소개했는데 그것이 와전된 것이다.

우리나라 경제가 성장하고 살기 좋아져서인지 공원이든 길거리든 어디서든 꽃을 실컷 볼 수 있다. 그중에서도 피튜니아는 봄부터 가을까지 어디서나 흔하게 볼 수 있는 꽃이다.

피튜니아뿐만 아니라 다양한 꽃을 늘 가까이 할 수 있기까지는 많은 사람의 노력이 필요하다. 정성껏 화단에 심고 가꾸는 사람들은 물론이고 여러 품종을 개발하여 기화요초를 만들어낸 학자들의 노고도 잊을 수 없다. 꽃이 아름답다고 느껴질수록 그들에 대한 감사함이 몇 배로 커진다.

엘리자베스 1세 여왕에게 사랑받은 라벤더
라벤더는 향 좋고 약효도 뛰어난 귀한 식물

라벤더 재배와 활용의 역사는 아주 길다. 고대 이집트 무덤의 관 속에서 라벤더꽃이 발견되었다는 설도 있지만 최소한 2,500여 년 전부터 인도와 중동 지방에서 재배되어 차츰 전 세계로 퍼져나간 것 같다.

라벤더는 향 좋고 약효도 뛰어나서 다양한 용도로 사용된다. 고대 로마에서는 입욕제로 쓰였고 말린 꽃은 향이 퍼지도록 서랍이나 벽장 등에 넣어두기도 했다. 라벤더 향을 맡거나 그 차를 마시면 불면증 치료나 스트레스 해소에 도움이 된다. 콜레스테롤을 낮추는 효능 덕분에 심장을 건강하게 할 수 있고 천연 방부제나 곤충 퇴치제 역할도 했다. 상처 소독, 염증 치료, 벌레 물린 데, 화상 응급 처치약으로도 효과가 있어 서양 가정에서는 상비약으로 두기도 했다.

페스트 퇴치약으로 쓰였던 '4인의 도둑 식초'

로마 시대에 라벤더 한 단 가격이 병사 한 달 월급에 맞먹을 정도

였다니 얼마나 귀한 허브였는지 짐작할 수 있다. 이 귀한 라벤더는 유럽 전역으로 퍼져 호사가들의 사랑을 받았고 유럽의 귀족들은 꽃을 갈아 비스킷으로 만들어 먹기도 했다고 한다. 라벤더와 로즈마리 등을 섞어 만든 식초는 '4인의 도둑 식초'라는 별명으로 불리는데 여기 재미있는 일화가 전한다.

1630년경 남유럽에 페스트가 창궐했을 때 페스트로 죽은 사람들의 물건을 훔치는 도둑 네 명이 있었다. 관청에 붙들려온 이들에게 페스트에 전염되지 않는 비결을 묻자 라벤더 등으로 만든 허브 식초를 몸에 발랐다고 했다. 이 소문이 돌면서 '4인의 도둑 식초'라는 별명을 얻었고 페스트 퇴치약으로 한동안 인기가 있었음은 물론이다.

영국으로 전해진 라벤더는 왕실 정원수로 재배되었고 엘리자베스 1세에게 사랑받는 식물이 되었다. 엘리자베스 1세는 라벤더 차와 향수로 편두통을 치료했고 라벤더 과자를 디저트로 즐겨 먹었다고

한다. 또 자신의 식탁에 라벤더 잼을 반드시 올려놓으라는 명령을 내리기도 했다. 라벤더는 영국에서 가장 오래된 향수 재료였고 지금 시판되는 향수 브랜드 중에는 '엘리자베스'라는 이름이 포함된 제품도 있다.

라벤더는 영국에서 가장 오래된 향수 재료

엘리자베스 1세는 영국 성공회를 만든 헨리 8세의 둘째 딸이다. 그 어머니는 헨리 8세와 교황과의 갈등을 불러온, '1000일의 앤' 앤 불린 왕비이다. 엘리자베스가 즉위할 당시 잉글랜드는 종교 문제로 정국이 불안했다. 아버지 헨리 8세가 세운 성공회와 가톨릭, 개신교 사이의 긴장 관계가 계속되고 있었기 때문이다.

또 친척 언니였던 스코틀랜드 메리 여왕 측도 엘리자베스 1세에게 위협 세력이었다. 가톨릭 국가인 프랑스 왕가가 외가인 메리 스튜

어트는 앤 불린이 헨리 8세의 첩이며 그 사이에서 태어난 엘리자베스는 사생아라고 주장했다. 결국 메리 스튜어트가 진정한 잉글랜드의 여왕이라는 얘기였다.

그러나 엘리자베스 1세는 여장부 같은 기질로 자신에게 닥친 위협을 모두 해결해 나갔다. 일단 그녀는 외모로도 주변을 압도했다고 한다. 남성들의 평균 신장이 170cm도 안 되던 당시 그녀의 키는 175cm였다. 현재 남아 있는 초상화를 보면 붉은빛 도는 금발과 매부리코는 아버지를 닮았고, 검은 눈과 가무잡잡한 피부는 어머니에게서 물려받은 듯하다. 그런데 전체적으로 아버지 쪽을 더 많이 닮아 신하들로 하여금 강력한 군주 헨리 8세를 연상하게 했다.

엘리자베스 1세는 에스파냐와의 전쟁 포고문에 "나의 몸은 여인의 것이나 나의 심장은 잉글랜드 국왕의 것이다"라고 당당하게 선언했다. 또 누군가 여자라고 무시하는 듯하면 엘리자베스 1세는 "내가 남자였다면 그런 말은 하지 못했을 것이다!"라고 불같이 화냈다. 그녀가 화내는 모습을 본 사람들의 입에서는 '역시 헨리 8세의 딸'이라는 말이 절로 나왔다고 한다.

작은 하나들이 어우러져 장관 이룬 라벤더밭

그녀는 강한 군주였고 결단력 있는 여왕이었다. 해적이었던 프랜시스 드레이크를 등용하여 에스파냐제국의 무적함대를 완전히 격파한 덕분에 영국은 바다를 통해 세계로 나아갈 수 있었고 이로써 '해가 지지 않는 나라'가 되는 발판을 마련하게 되었다. 또 '엘리자베스 시대'는 극작가 윌리엄 셰익스피어와 철학가 프랜시스 베이컨 등이 활약한 문화의 번영기이기도 했다.

라벤더는 기다란 꽃대 위에 작은 타원형 보라색 꽃망울이 여러 개 매달려 피어난다. 마치 곡식의 이삭과 같은 모양이다. 그래서 한 송이 한 송이 떼어서 보면 꽃 모양이 조금은 허전하고 초라하다. 그러나 이 꽃들이 한 데 어울려 피어 있는 라벤더밭은 보랏빛 카펫을 깔아놓은 듯 장관을 이룬다.

엘리자베스 1세가 대영제국의 근간을 마련했다고 하지만 당연히 그녀 혼자만의 공은 아니다. 무엇보다 중요한 것은 라벤더밭처럼 작은 하나들의 어우러짐이다. 영국 국민은 아메리카 대륙으로 건너가 처음 정착한 땅에 처녀 여왕(Virgin Queen) 엘리자베스를 기리며 '버지니아'라는 이름을 붙였다. 그 정도로 여왕을 사랑하고 존경했다. 여왕의 성공에는 국민의 믿음과 존중이 가장 큰 밑거름이 되었을 듯하다.

더러운 진흙에서 깨끗한 꽃 피우는 연꽃
연꽃은 인도 세포이항쟁의 상징

연꽃은 그 모양도 탐스럽고 아름답지만 더러운 연못, 진흙 속에서 깨끗한 꽃을 피운다는 독특한 성질로 큰 감흥을 일으킨다. 그래서 불교, 도교, 힌두교, 유교 등 동양의 여러 종교에서 연꽃은 특별한 존재로 여겨지고 있다.

중국 송나라 철학자 주돈이는 "내가 오직 연을 사랑함은 진흙 속에서 났지만 물들지 않고, 맑은 물결에 씻어도 요염하지 않으며, 속이 소통하고 밖이 곧으며 덩굴지지 않고 가지가 없음이다. 향기가 멀수록 더욱 맑으며 우뚝 깨끗이 서 있는 품은 멀리서 볼 것이요 다붓하여 구경하지 않을 것이니 연은 꽃 가운데 군자라 한다"라고 '애련설'을 써서 연꽃을 예찬했다.

삼국시대 기와 장식이나 고분 벽화 등에서 발견되는 연꽃 문양

우리 역사상 최초의 원예서 『양화소록』을 저술한 강희안은, 그

책에서 연꽃을 일컬어 '깨끗한 병 속에 담긴 가을 물'이라 했다. 강희안의 동생이며 역시 조선 세조 때 학자인 강희맹은 1463년 명나라 옛 수도 난징에 사신으로 갔다가 돌아올 때 '전당지'라는 연못에서 연꽃 씨앗을 얻어 왔다. 강희맹은 이 씨앗을 자신의 집 근처에 뿌려서 재배에 성공했는데 그곳이 지금도 연꽃 명소로 유명한 경기도 시흥시 관곡지이다.

한반도에서 연꽃을 재배하기 시작한 시기는 그 훨씬 이전으로 보인다. 백제나 신라의 기와 장식, 고구려 고분 벽화 등에서 연꽃 문양이 발견되기 때문이다. 불교에서는 연꽃이 더러운 속세에서 피어나지만 그에 오염되지 않는다 하여 부처의 자비와 지혜 혹은 극락 세계를 상징하는 꽃으로 여겨진다. 부처상 아래 부분을 연꽃으로 장식하는 것도 같은 맥락이다.

비슈누, 시바와 함께 힌두교 3대 신 중 하나인 브라흐마도 연꽃에 앉은 모습으로 표현된다. 삶의 근원과 깨달음을 상징하는 브라

흐마가 연꽃에서 태어나는 모습을 형상화한 것이다. 부와 번영, 영적 순수함을 상징하는 힌두교 여신 락슈미는 네 개의 손 중 두 개에 연꽃을 든 모습으로 묘사된다.

차파티빵과 붉은 연꽃을 전하는 저항 운동

인도에서 연꽃은 영국에 저항하는 상징물로도 쓰였다. 1857년 무굴제국이던 인도에서는 마을에서 마을로 차파티빵과 붉은 연꽃을 전하는 운동이 일어났고 이는 순식간에 전국으로 퍼져나갔다. 빵과 연꽃을 전달하면서 인도인들은 영국에 맞서 싸우자는 결의도 함께 나누었다. 때로는 빵 속에 메시지를 숨겼고 연꽃을 전하면서 비밀 신호를 보내기도 했다.

무굴제국은 1858년 멸망할 때까지 330여 년 동안 인도 반도를 다스린 이슬람 왕조이다. '무굴'은 '몽골'의 인도·페르시아식 발음이다. 실제로 무굴제국은 티무르의 손자이자 모계로 칭기즈 칸의 혈통을 잇는 바부르가 건국했다. 무굴제국은 2,000여 년 만에 인도 대륙 대부분을 통일하였고 인도 반도에 존재했던 역대 왕조 가운데 가장 넓은 영토를 자랑한 대제국이었다.

무굴제국은 1700년대 초 이후 쇠퇴기를 맞이하였다. 곳곳에서 일어난 반란들로 제국의 힘이 크게 약해졌고 페르시아 아프샤르 왕조의 공격에 휘청이게 되었다. 제국이라는 칭호는 간신히 유지했지만 1803년에는 영국 동인도회사에 종속되었고 거의 식민지 신세로 50여 년 동안 명맥을 이었을 뿐이다.

당시 인도에 주둔한 영국군에는 '세포이'라 불리는 인도인 용병이 여럿 있었는데 이들 대부분은 이슬람, 힌두교, 시크교 등 다양한 종교의 신자들이었다. 영국군과 세포이 간에는 크고 작은 갈등과 충돌이 계속되었고 이는 1857년 5월에 발생한 화약 탄포 문제를 계기로 '항쟁'으로 번졌다.

인도가 영국 식민지 된 계기 제공한 세포이항쟁

세포이들은 장전하려면 총탄의 종이 부분을 입으로 물고 뜯어야 했는데 영국인이 이 종이에 소나 돼지의 기름을 칠했다는 소문이 돌았다. 이는 소를 신성시하는 힌두교도와 돼지를 부정한 것으로 여기는 무슬림 모두의 반발을 불러일으켰다. 세포이 병사들은 사격 훈련을 거부했고 영국군은 주동자를 처형했다. 나머지 병사들도 불명에 제대시키자 분노한 세포이 2,000여 명이 봉기하였고 농부와 상공업자 등 민간인도 이에 합세했다.

그러나 세포이 항쟁은 영국에 의해 진압되었고 영국은 무굴제국

황제를 폐위시켜 추방하였다. 이로써 무굴제국이 지도에서 완전히 사라진 것이다. 1858년 동인도회사는 인도 통치에 대한 모든 권한을 영국 정부에 넘긴 후 해체되었고 인도는 영국 총독이 다스리게 되었다. 그 후 1877년에는 영국 빅토리아 여왕이 '인도의 황제'가 되어 영국령 인도제국이 세워졌다. 인도가 본격적으로 영국 식민지가 된 것이다.

세포이항쟁 당시 한 영국군 장교는 "빵과 연꽃이 손에서 손으로 전해진다. 거리에서 호신용 부적이 불티나게 팔린다. 인도 사람들은 '모든 것이 붉어졌다'라는 불길한 말을 속삭이고 있다"라며 인도인들의 의미를 알 수 없는 행동에 두려움을 나타냈다.

꽃은 연약하지만 그 꽃에 특정한 의미가 담길 때 상대를 두려움에 떨게 할 만큼 큰 힘을 발휘할 수 있다. 더러운 연못에서 깨끗한 꽃을 피울 정도의 결기가 있는 연꽃은 더욱 그럴 것이다.

밤에 피어나 달을 맞이하는 가녀린 꽃

나물로 먹을 수 있는 어린 순이나 뿌리

달맞이꽃 봉오리는 낮 동안 오므라들었다가 밤이 되면 활짝 벌어진다. 강한 햇빛 아래서는 꽃을 피울 수 없는 유전적 특징을 가졌기 때문이다. 그래서 '달맞이꽃'이라는 이름이 붙었지만 햇빛이 별로 없는 날에는 낮에도 꽃을 피운다. 7월부터 가을까지 꽃이 피는데 나방이나 박각시 등 밤에 활동하는 곤충의 도움으로 수분한다.

멘델의 법칙을 재발견하게 해준 큰달맞이꽃

꽃 지름이 보통 달맞이꽃보다 10cm 가까이 커다란 큰달맞이꽃은 멘델의 법칙을 재발견하게 한 식물이다. 네덜란드 식물학자이며 유전학자인 휘호 마리 더프리스(Hugo Marie de Vries)가 1901년, 달맞이꽃을 연구하던 중 유난히 큰 달맞이꽃 발견하였고 교잡 실험을 통해 진화의 요인이 돌연변이에 있다는 점을 밝혀냈다.

휘호는 자신의 연구 결과를 발표하며 그로부터 35년 전 멘델이

실험한 논문을 첨부했다. 멘델은 생전에 연구 성과를 제대로 인정받지 못했다. 하지만 휘호를 비롯하여 카를 코렌스와 에리히 체르마크 등 학자들을 통해 멘델의 유전법칙과 생물학적 돌연변이설이 세상에 알려졌고 이후 그는 '유전학의 아버지'라는 명성을 얻었다.

염증을 완화하는 성분이 들어있는 달맞이꽃 씨 기름은 피부병을 비롯한 여러 질환을 치료하는 데 효능이 있다고 한다. 꽃은 효소, 차를 만들어 먹고 어린 순이나 뿌리로는 나물을 해먹을 수 있다. 그런데 북한에서는 달맞이꽃 뿌리가 별미 음식이 아니라 '고난의 행군' 시기에 먹을 것이 없어 캐 먹은, 일종의 구황 식물이었다고 한다.

사상과 교양 학습 수단으로 이용되는 고난의 행군

'고난의 행군'은 원래 1938년 12월부터 100여 일 동안, 김일성이 이끄는 빨치산이 중국 지린성에서 압록강 연안 국경 지대까지 실행한 행군을 말한다. 이때는 행군하면서 유격전을 펼치는 것은 물론, 영하 40도 내외의 모진 추위, 가슴 높이까지 쌓인 눈, 식량난과도 싸워야 했다고 한다. 그러나 이런 악조건을 이겨낸 이들은 어떤 역경 속에서도 동요하지 않는 혁명 정신의 상징이 되었다.

실제로는 일본군과 싸우기보다 만주의 민간인 마을을 주로 약탈했다고 하는데 북한에서 '고난의 행군'은 역사적으로 중요한 사건으로 기려지고 있다. 이 용어는 1956년 말부터 시작된 천리마운동 때 사상과 교양을 학습하는 수단으로 다시 나타났다. 북한이 위기에 처했을 때 이를 극복하기 위한 구호로 소환되는 '고난의 행군'이 본격적으로 쓰이기 시작한 때는 1990년대 중반이다.

이 무렵 러시아를 비롯한 동유럽 사회주의 국가들과의 연대가 깨지고 그들에게 더 이상 도움을 받지 못하게 된 북한은 심각한 경제난을 겪었다. 게다가 최악의 천재지변이 닥치면서 대기근 상태가 되었고 수많은 사람이 굶어 죽었다. 정책 실패까지 겹친 대참사였지만

1996년 1월 1일 〈노동신문〉 등에서는 "모자라는 식량을 함께 나눠 먹으며 일본군에 맞서 투쟁한 항일 빨치산의 눈물겨운 고난과 불굴의 정신력"을 일깨우며 "전체 당원들과 인민군 장병들과 인민들은 백두 밀림에서 창조된 고난의 행군 정신으로 살며 싸워나가야 한다"라고 주민을 설득했다.

이후 '고난의 행군'은 1995~2000년까지 북한에서 발생한 대기근을 일컫는 용어가 되었다. 체제 붕괴 위기까지 몰고 갔던 이 상황을 북한 주민들은 '미공급 시기'라 부른다고 한다. 식량 등 거의 모든 물자를 배급에 의존하여 살았던 북한 주민에게 그 시기에 배급이 중단된 것이다.

굶주린 북한 주민에게 구황 식물이 된 달맞이꽃

1990년대 초부터 식량 배급이 줄어들기 시작했다. 1년에 10개월 혹은 8개월분 식량만 공급되었다. 이전에도 배급 감량은 있었지만 이때만큼 심각하지는 않았다. 또 감량 원칙도 없어서 주민들은 언제, 얼마나 식량이 줄어들지 몰라 두려움에 떨었다. 1995~1998년 사이에는 그나마의 배급도 완전히 중단되었다.

당을 믿고 의지하던 북한 주민들은 아무 대책 없이 배급만 기다리다가 굶어 죽었다. 산 사람들은 입에 넣고 먹을 수 있는 것이라면 무엇이든 먹었다. 미국 소설가 펄 벅이 중국에서 살던 경험을 바탕으로 쓴 소설 『대지』에는 굶주린 자식들에게 흙물 먹이는 대목이 실려 있다. 뭔가 영양분이 있기에 흙에 심긴 식물이 자랄 것 아니냐는 나름의 논리도 내놓았다. 그런 정도의 상황에서 달착지근한 달맞이꽃 뿌리는 꽤 먹을 만한 '식량'이었을 것이다. 하지만 달맞이꽃인들 얼

마나 오래 남아 있었겠는가.

　북한 지도부가 뭐라고 선전하든 주민들의 고난의 행군은 여전히 계속되고 있다. 일반적으로 북한에서 필요한 식량은 약 600만t이라고 하는데 2023년 북한의 식량 생산량 추정치는 482만t 정도에 그쳤다고 한다. 그런데 북한은 이미 알려진 여러 가지 이유로 외국에서 식량을 수입할 수 없다. 유엔세계식량계획(WFP)은 2022년 보고서에서 북한 인구 2,590만 명 중 40%가 넘는 1,070만 명이 영양실조 상태라고 밝혔다. 북한의 문제가 식량 부족에서 그치지 않음은 물론이다.

정화의 원정대가 아프리카에서 들여온 군자란

군자란은 난초가 아니다

군자란(君子蘭)은 이름 뒤에 붙은 '난(蘭)' 자 때문에 난초의 일종으로 보기 쉽다. 또 유교 문화권에서 미덕으로 여기는 '군자'라는 말은 이 식물의 원산지가 동양일 것이라는 느낌을 준다. 하지만 계보를 살펴보면 군자란은 난초와는 거리가 먼, 백합목 수선화과에 속하는 식물이고 원산지는 남아프리카 나탈의 삼림이다.

꽃이 필 때는 잎과 별개로 꽃대가 솟아 나오고 그 끝에서 여러 송이가 한꺼번에 피어나 화려함을 더해준다. 잎을 주로 관상하는 관엽식물 군자란은 길게 뻗어 늘어지는 잎의 모습이 난초와 비슷하다. 꽃보다는 그 잎의 곧고 거침없는 자태 덕분에 '명예 군자', '명예 난'이 된 것이 아닐까?

아프리카 동쪽 해안까지 진출한 정화의 함대

군자란은 명나라의 정화가 아프리카에서 중국으로 들여온 귀화

식물이다. 정화는 1405년부터 1433년까지 일곱 번에 걸쳐 서방으로 원정을 떠났다. 정화의 함대는 첫 원정에서 베트남 참파·시암·말라카·자바·캘리컷·실론 등을 방문하고 4년 만에 돌아왔다. 그는 2차에서 7차까지의 원정에서 아프리카 동부 해안까지 방문했다.

정화의 원래 이름은 '마화'이다. 그의 선조는 원나라 때 복속된 서양계 민족인 색목인으로, 이슬람교도였고 '마'는 무하마드의 중국식 성이다. 영락제 때 환관의 우두머리 태감이 된 마화는 '정(鄭)' 씨 성을 받았다.

여섯 차례 원정은 영락제 재위 시기에 행해졌고, 나머지 한 번은 영락제 사후 선덕제 때 이뤄졌다. 명나라 시조 주원장의 넷째 아들인 영락제가 원정을 시작하고 주도한 셈이다. 조카인 건문제 때 미숙한 황제를 간신에게서 구한다는 이유로 반란을 일으킨 영락제는 1402년 황제가 되었다.

비단길과 바닷길 교역 장려한 영락제

수도를 베이징으로 옮기고 자금성을 지은 것도 영락제였다. 그는 도시의 성장을 꾀했고 비단길과 바닷길을 통한 광범위한 교역을 장려했다. 바다 밖 세상을 개척하기 위해 영락제는 수군을 창설하고 대규모 해상 원정단을 만들었다.

정화의 함대 규모는 어마어마했다. 기록에 의하면, 1차 원정 때는 길이 약 137m, 너비 약 56m에 달하는 대형 선박 등 함선 62척이 동원되었고 탑승 선원만도 2만 7,800명이었다고 한다. FIFA가 정한 국제 경기용 축구장 규격은 68×105m인데 이보다 긴, 나무로 만든 역사상 가장 큰 배였다. 이는 콜럼버스 함대가 250t급 세 척에 선원 88명으로 구성되었다는 점과 자주 비교되곤 한다.

게다가 정화의 원정은 유럽의 대항해 시대보다 100년 가까이 앞선다. 이 원정의 목적은 침략이나 노략질이 아니었다. 서양인들이 원정과 식민지 개척 과정에서 행했던 원주민 학살이나 금붙이 약탈, 노예 사냥, 종교 강요 등은 일어나지 않았다. 원정지에서 물리적 충돌이 일어난 적도 있었지만 대부분 상대를 존중하여 공평하고 평화적인 거래로 마무리지었다고 한다.

정화는 원정으로 거쳐 간 나라들 외교사절단을 명나라로 데려와 경제나 문화 교류를 하도록 했다. 그 나라들과 군신 관계를 맺고 무역을 '허용'해주는 것이 명나라 외교 방식이었다. 명나라는 원정을 통해 교류하게 된 30여 나라로부터 조공을 받음으로써 명나라의 힘과 위상을 만방에 과시할 수 있었다.

기린과 군자란 등이 중국으로 오게 된 계기

명나라는 이 항해로 연안의 해적을 소탕하고 대외 무역을 활성화했다고 하지만 이는 '조공 무역'이었다. 그러니 받아들이는 나라 입장에서는 명나라 기록과 다르게 말할 수도 있겠다. 아무튼 아프리카 동쪽 소말리아 해안에는 어느 날 바닷가에 새까맣게 몰려왔다가 홀연히 사라진, 마치 외계인처럼 정체를 알 수 없는 무리에 대한 얘기가 전설처럼 전해진다고 한다.

영락제가 세상을 떠난 후 등극한 새 황제 홍희제는 국외 교역에 부정적이었다. "아무 소용없는 일에 국력을 낭비할 뿐"이라며 선단을 해산하고 항구의 선박 출입까지 금지했다. 홍희제 뒤를 이은 선덕제 때 7차 원정단이 다시 꾸려지긴 했다. 하지만 원정에서 돌아온 정화가 세상을 떠난 후 중국의 첫 해양 진출이자 마지막 원정은 완전히 막을 내렸다. 이후 명나라는 대륙의 문을 걸어 잠갔는데 그 지점에서 중국의 운명과 세계사의 향방이 크게 달라졌다.

　원정단 규모가 과장되었다는 주장도 있다. 그 정도 크기의 목선을 만든다는 것 자체가 불가능하다는 것이다. 하지만 아프리카에서 조공으로 받은 기린이나 코뿔소와 그 먹이까지 싣고 명나라로 돌아올 정도의 배 크기도 작다고는 볼 수 없다. 규모가 컸든 작았든, 본래 목적을 달성했든 못했든, 정화의 원정은 문화 교류에 커다란 역할을 했다.

　그중 작은 하나가 군자란의 전파이다. 아프리카에서 정화 일행의 눈길을 끈 것은 길다란 이파리보다는 주황색으로 화려하게 피어난 꽃이었을 것이다. 계량화할 수는 없지만 '아름다움' 그 자체는 시대와 나라를 넘어서는 공통의 미덕이다. 그 미덕의 중심에 꽃이 있다. 꽃에 '군자'라는 이름을 붙여 외형적 아름다움에 내면의 미덕을 더한 조상들의 군자란 사랑이 놀랍기만 하다.

고흐와 헤세에게 사랑받은 붓꽃

먹을 묻힌 붓과 같이 생긴 꽃봉오리

붓꽃 모양을 보면 옛 사람들이 이름을 왜 그렇게 지었는지 곧바로 고개가 끄덕여진다. 꽃봉오리가 먹을 묻힌 붓과 같이 생겼는데 실루엣을 보면 다 쓴 붓을 붓통에 꽂아놓은 듯한 형상이다. 꽃은 5~6월에 주로 피는데 하루 만에 바로 시들어버리는, 은근히 까칠한 식물이다. 잎만 보면 얇고 길게 뻗은 모습이 난초와 흡사하여 두 식물이 자주 혼동되기도 한다.

아이리스는 붓꽃의 영어 이름

화투에서 5월을 나타내는 그림으로, 흔히 '난초'라 불리는 화초도 붓꽃의 한 종류인 제비붓꽃이다. 화투의 붓꽃 그림은 일본 아이치현 치류시에 있는 '야츠하시'라는 마을과 관련이 있다. '야츠하시[八つ橋]'는 연못 같은 물가에 판자를 이어 놓은 다리로 일본 정원에서 꽃을 가까이 감상하기 위해 만든 구조물을 뜻한다.

야츠하시 마을은 일본 고대 소설 『이세 이야기[伊勢物語]』에 '다리가 많이 놓여 있고 그 사이에 붓꽃이 핀 곳'으로 묘사되어 있다. 5월을 나타내는 화투패 넉 장 중 한 장에는 노란색 다리가 함께 그려져 있는데 이는 실제 야츠하시 마을에 있는 사찰 무료주지[無量寿寺]의 정원 풍경을 그린 것이라 한다.

영어 이름이 아이리스인 붓꽃은 아주 오래전부터 인류의 사랑을 받아왔다. 기원전 1500년 즈음 이집트 파라오였던 투트모세 3세는 붓꽃을 승리의 표시로 여기고 가까이 길렀다고 한다. 그는 카르나크 아몬 신전 벽과 파라오의 왕홀 등에 붓꽃을 새겨넣어 '지지 않는 꽃'으로 만들었다.

필사적으로 붓꽃 그림을 그린 고흐

붓꽃을 '불멸의 꽃'으로 만든 또 한 명의 거장은 화가 빈센트 반

고흐이다. 그는 1889년 5월 정신병원에 입원한 후부터 이듬해 세상을 떠나기 전까지 수많은 붓꽃 그림을 그렸다. 그림을 열심히 그리면 자신이 미쳐가는 것을 막을 수 있다고 스스로 생각했기 때문이다. 그래서 고흐는 그림을 '내 병의 피뢰침'이라고 불렀는데 마침 지천에 널린 붓꽃이 만만한 대상물이었다. 붓꽃 그림들은 고흐

가 온전한 정신을 붙들어 매려는 필사적 노력의 산물인 셈이다.

대중에게 잘 알려진 작품 '아이리스'는 그 여러 붓꽃 그림 중 하나로, 고흐가 사망하기 전 해 프랑스 생 레미 드 프로방스의 정신병원에서 그린 그림이다. 그의 동생 테오는 '론 강의 별이 빛나는 밤'과 함께 이 그림을 그해 9월 파리 독립예술가협회 연례 전시회에 출품했다. 테오는 전시회에 대해 형에게 보낸 편지에 "'붓꽃'은 멀리서 봐도 눈에 띄어요. '붓꽃'은 공기와 생명으로 가득 찬 아름다운 그림입니다"라고 썼다.

독일 작가 헤르만 헤세는 '붓꽃의 향기와 꽃잎이 다양한 푸른 빛을 띠며 나부끼는 모습은 창조의 비밀을 알려주는 열쇠, 붓꽃 꽃받침은 천국으로 들어가는 문'이라며 극찬을 아끼지 않았다. 1916년에 쓴 동화 '붓꽃'은 붓꽃을 사랑한 안젤름이라는 남자 이야기이다.

말년에 정원 가꾸기에 몰두한 헤세

헤세는 안젤름의 시선을 통해 "해마다 안젤름이 매혹과 은혜를 느끼는 최대의 순간은 최초의 붓꽃이 피는 때였다. …… 붓꽃은 순진한 소년 시절부터 그의 동반자로서 여름마다 새로워지고 더욱 신비롭고 감동적으로 되었다. 그는 자주 꿈을 꾼다. 지상의 현상은 모두 하나의 비유다. 모든 비유는 영혼이 준비만 되어 있으면 거기를 지나 세계의 내부로 들어갈 수 있는 열린 문이다. 그 내부에 가면 너도 나도 낮도 밤도 모두 한 몸인 것이다. 그 문과 길을 통해 영혼과 영혼이 이어지는 것이었다"라고 표현하였다. 드러난 현상에 깊이를 더한, 헤세 특유의 필력이 돋보이는 대목이다.

헤르만 헤세는 조국 독일이 두 차례의 세계대전을 일으킨 시대에 살아야 했다. 제1차 세계대전 중이던 1914년 헤르만 헤세는 독일 국민에게 평화를 호소하는 글을 스위스 〈신취리히 신문〉에 발표했다. 그러나 곧이어 헤세는 독일인들에게 매국노, 반역자라는 비난을 받았고 스위스 망명길에 올라야 했다.

전쟁 기간 겪은 여러 고난이 그의 작품에 많은 흔적을 남겼는데 그 무렵 탄생한 작품이 성장 소설 『데미안』이었다. "새는 알에서 나오려고 싸운다. 알은 곧 세계이다. 태어나려고 하는 자는 하나의 세계를 파괴하지 않으면 안 된다"라는 구절로 유명한 이 소설은 제1차 세계대전 패전으로 집단 우울에 빠진 독일 국민에게 큰 반향을 일으키며 유럽 전역에서 베스트셀러가 되었다.

나치 치하 독일에서 헤세는 유대인의 작품을 대중에게 알리고 나치즘을 비판하다가 나치에 탄압당했다. 1930년 말부터는 독일 내에서 헤세의 모든 작품에 대한 출판이 금지되었는데 당시 나치는 헤세의 작품 인쇄를 막기 위해 종이를 공급하지 않았다고 한다. 결국 헤세는 다시 한번 조국을 떠날 수밖에 없었다. 헤세는 스위스인으로 살다가 1962년 스위스에서 세상을 떠났다. 말년에 정원 가꾸기에 몰두했다는 헤세 곁에는 붓꽃이 늘 함께했을 것 같다.

고흐에게 붓꽃이 현실을 붙들어 매려는 안간힘이었던 반면 헤세에게 붓꽃은 실망스러운 현실의 껍데기를 깨부수고 새로운 세계로 나아가려는 '문'이었던 듯하다.

일본 덴메이 대기근을 떠올리게 하는 석산

잎과 꽃이 서로 만나지 못하는 특성의 식물

금지된 사랑, 이룰 수 없는 사랑은 언제나 애틋하다. 그래서인지 '상사화'라는 이름을 지닌 꽃은 한 번 더 돌아보게 된다. 뭔가 사연을 담고 있을 듯하기 때문이다. '상사화'라는 이름이 붙은 이유는 잎과 꽃이 서로 만나지 못하는 특성 때문인 듯하다. 석산에도 그런 특성이 있어서인지 상사화와 곧잘 혼동된다. 심지어 '상사화 축제'가 열린다는 곳에 가보면 석산 꽃이 잔뜩 피어 있는 경우도 있다.

그러나 석산과 상사화는 분명히 다른 식물이다. 구별하는 방법도 어렵지 않다. 상사화는 잎이 먼저 난 뒤 꽃대가 돋아나고 꽃이 피는데 석산은 꽃이 진 후 잎이 돋아난다. 꽃 색도 상사화에는 연한 보랏빛이 돌고 석산 꽃은 짙은 붉은 색이다.

석산, 돌마늘, 꽃무릇 등 다양한 이름 가져

석산(石蒜)을 한자 그대로 풀면 '돌마늘'이다. 석산은 구근 식물

로, 비늘줄기의 외형이 마늘과 비슷하여 붙여진 이름이라고 한다. 이외에도 여러 가지 이름이 있지만 석산, 돌마늘, 꽃무릇 정도가 우리나라에서 공식적으로 불리는 이름이다.

꽃 색깔이 피처럼 붉고 비늘줄기에 독성이 있어서인지 일본에서는 피안화라는, 죽음을 연상케 하는 이름으로도 일컬어진다. '피안(彼岸)'이란 강 건너편 언덕을 말하는데 그 강은 한 번 건너면 돌아올 수 없는 강이다. 그래서 피안은 저승을 뜻한다. 그와 관련하여 사인화(死人花), 장례화, 유령화, 지옥화, 저승화 등 다양한 별명이 있다.

석산 비늘줄기에는 알칼로이드가 많이 포함되어 잘못 먹으면 구역질, 설사를 일으키고 심한 경우 중추신경 마비로 죽음에 이를 수도 있다. 그런데 물에 삶거나 데쳐서 이 성분을 제거하면 질 좋은 녹말을 얻을 수 있다. 한방에서는 해열, 거담, 통증 완화제로 사용되었고 구황 식물로 쓰이기도 했다.

일본 덴메이[天明] 대기근은 에도 시대이던 1782~1788년 덴메

이 천황 시절에 일어난, 일본 근세사상 최대의 기근 사태였다. 이때 석산을 캐어 식량으로 삼았기에 석산은 덴메이 대기근을 떠올리게 하는 꽃이 되었다. 하지만 곧이어 석산도 모두 동이 나고 수많은 사람이 굶어 죽을 수밖에 없었다.

덴메이 대기근의 원인은 화산 활동

대기근을 불러온 결정적 계기는 1783년 일어난, 아오모리현 이와키산과 나가노현 아사마산의 화산 활동이었다. 이 화산들이 분화하여 화산재가 쏟아져내렸고 이 때문에 일조량이 줄어들어 농작물은 치명적 냉해를 입었다. 식량을 구하기 어려워지자 곳곳에서 폭동이 일어났는데, 그 정도는 도쿄와 오사카 등 대도시에서 특히 심했다.

위기를 극복하기 위해 도쿠가와 바쿠후는 검약과 긴축 정책을 중심으로 한 개혁을 단행하여 민생을 안정시키고자 했다. 하지만 곡물값이 하늘 높은 줄 모르고 치솟았고 기근과 사회 불안은 걷잡을 수 없이 일본 전역으로 확산되었다.

이 기근으로 수많은 사람이 굶어 죽었다. 기근이 휩쓴 6년 동안 어느 번에서는 아사자 4만 850명, 병사자 2만 3,848명이 발생했고 가족 전멸로 폐허가 된 집은 10만 채가 넘었다는 기록도 있다. 하지만 처벌이 두려워 피해 규모를 축소한 지역도 있다고 하니 피해 숫자는 이보다 훨씬 클 것으로 보인다. 주민들은 황폐해진 농지를 버리고 유랑민이 되었고 역병까지 발생하여 전국적으로 100만 명 가깝게 사망한 것으로 추산된다.

석산뿐이겠는가. 사람들은 먹을 수 있는 온갖 생물을 다 먹어 없앴고 종이까지 먹어서 절의 경전이 남아나지 않았다고 한다. 상황이

이 지경에 이르면 반드시 등장하는 괴담이 있다. 바로 식인(食人)에 대한 얘기다. 이런 경우 죽은 사람 시체를 먹는 건 그나마 눈감아줄 수 있는 일로 여겨진다. 주린 배를 채우기 위해 산 사람을 죽이는 일까지 벌어지기 때문이다.

조선통신사 파견을 중단시킨 대기근

이 대기근은 당시 조선과도 관련이 있다. 1655년 도쿠가와 이에츠나의 쇼군 취임을 축하하기 위해 파견된 조선통신사는 이후 쇼군이 바뀔 때마다 보내는 것으로 정례화되었다. 그런데 대기근 때의 쇼군 도쿠가와 이에나리는 기근 때문에 손님을 맞기 곤란하니 통신사 방문을 미뤄달라고 요청했다. 이후 통신사는 25년 동안 파견되지 않았고 1811년 에도가 아닌 쓰시마[對馬島]까지만 가는 것으로 바뀌었다. 그렇게 오랜만에 파견한 것이 마지막 통신사가 되었다.

일본에는 '석산 꽃을 꺾거나 집에 가져가면 불이 난다'라는 말이 있다고 한다. 꽃의 생김새가 타오르는 불꽃을 연상시키는 데다 독이 있는 식물이라 함부로 손대지 못하게 하려는 의도로 만들어진 속설인 듯하다. 이래저래 석산은 불길하고 꺼림칙한 꽃으로 여겨진 것이다.

정열적인 붉은 빛의 화려한 꽃을 보여주고 다급할 때 먹을 것이 되어주는 석산을 기피하는 진짜 이유는 뭘까? 독성보다는 기억하기 싫은 고통을 석산이 일깨우기 때문 아닐까? 그 역사를 모르는 사람에게 석산은 그저 아름다운 꽃일 뿐이다. 그러나 역사를 아는 사람에게 석산은 대기근의 상징이고 더 나아가 식인의 기억이 될 수 있다. 그래서 어떤 사람들에게 석산은 잔인한 꽃인 셈이다.

핵 반대 운동의 상징이 된 해바라기

해바라기 씨는 우크라이나 경제의 핵심 요소

"나의 무덤 앞에는 그 차가운 빗(碑)돌을 세우지 말라. / 나의 무덤 주위에는 그 노오란 해바라기를 심어 달라. / 그리고 해바라기의 긴 줄거리 사이로 끝없는 보리밭을 보여 달라. / 노오란 해바라기는 늘 태양같이 태양같이 하던 화려한 나의 사랑이라고 생각하라."

함형수 시인의 '해바라기의 비명(碑銘)-청년 화가 L을 위하여'라는 작품 중 일부이다. 태양을 향해 둥근 얼굴을 거침없이 드러내고선 해바라기를 묘지와 연결 지은 것은 이 시뿐만 아니다. 1970년 발표된 이탈리나 영화 '해바라기'에 등장한 광활한 해바라기밭은 전쟁으로 희생된 사람들의 공동묘지로 설정되기도 했다.

이 영화의 여주인공 지오바나(소피아 로렌)의 남편 안토니오(마르첼로 마스트로얀니)는 징집되어 제2차 세계대전에 참전했다. 살아 돌아온 동료 병사로부터 안토니오가 돈강 근처에서 낙오했다는 말을 들은 지오바나는 남편을 찾아 소련으로의 험난한 여정을 시작한다.

전쟁 중 희생된 사람들 시신 위에 선 해바라기

이탈리아는 나치 독일, 일본제국과 함께 제2차 세계대전을 일으
킨 추축국 중 하나이다. 그때 연합국의 일원이던 소련은 이탈리아의
적국이었고 두 나라 군대는 우크라이나 즈음에서 부딪히게 된 것이다.

우크라이나로 추정되는 지역의 끝없이 펼쳐진 해바라기밭에 당
도한 지오바나에게 지역 주민이 귀띔했다.

"독일군은 저 해바라기밭 아래 포로들이 직접 자기 무덤을 파게 했
어요. 해바라기들은 모두 군인들과 민간인들의 시신 위에 서 있는 거
예요. 당신 남편도 아마 다른 사람들과 함께 저 해바라기 아래 묻혔
을 거예요."

해바라기는 우크라이나 국화이다. 18세기 중반에 원산지 남미로

부터 들어온 해바라기는 우크라이나 경제의 핵심 요소가 되었고 전쟁 전 우크라이나는 해바라기 씨 기름을 전 세계에서 가장 많이 생산하고 수출하는 나라였다.

1986년 우크라이나 체르노빌 원전 사고 후, 과학자들은 오염된 토양에서 방사성 원소인 세슘과 스트론튬 성분을 제거하기 위해 해바라기를 심었다. 해바라기는 토양 속 방사성 물질을 흡수하여 농축하는 능력이 탁월한 식물이라고 알려졌기 때문이다.

토양 속 방사성 물질을 흡수하여 농축하는 식물

핵 위험성을 그 누구보다 뼈저리게 겪은 우크라이나는 소련으로부터 물려받은 핵무기를 1996년 포기하였다. 그때 우크라이나, 러시아, 미국 등 3개국 국방부 장관은 핵 포기 기념식 장소에 해바라기를 심었다. 핵 물질을 제거하는 해바라기가 핵 반대 운동의 상징이 된

것이다.

　한때 소련이라는 하나의 나라로 묶여 있던 러시아와 우크라이나의 악연은 어제 오늘의 일이 아니다. 체르노빌 원전 사고도 장소가 우크라이나였을 뿐 시작부터 뒤처리까지의 잘못과 책임은 모두 모스크바에 있다고 할 수 있다. 그보다 앞서 1932~1933년에 일어난 대기근 홀로도모르는 소련 정부의 대량 살인이라고까지 불리는 참혹한 사건이었다.

　홀로도모르의 '홀로도(Holodo)'는 기아, '모르(mor)'는 대규모 죽음을 뜻한다. 미국 캘리포니아주와 거의 맞먹는 크기의, 그것도 세계에서 가장 비옥한 토양 중 하나인 체르노젬(검은 흙)을 지닌 우크라이나가 대기근을 겪었다는 것은 믿을 수 없는 일이다. 심지어 1932년에 흉년이 든 것도 아니었다.

　1930년대 초, 소련은 개인 소유의 농지를 국가가 관리하는 대규모 농장으로 통합하는 작업을 강제로 시행했다. 조상 대대로 개인 땅을 경작해온 우크라이나 농민들은 극심하게 반대했다. 소비에트 정부는 반대하는 농민들을 '쿨라크(부농)'로 몰아 탄압했고 곡물을 대량 수출하여 산업화 자금을 마련하고자 우크라이나에서 생산된 곡물을 몰수했다.

계속되는 러시아와 우크라이나의 악연

우크라이나 농민들은 자신들의 식량도 미처 챙기지 못한 채 곡물을 다 빼앗겼다. 우크라이나 전역에서 식량 부족 사태가 일어났지만 정부는 주민들이 다른 지역으로 이주하는 것을 금지했고 저항하는 사람은 무참히 살해했다. 비옥한 땅과 풍성한 작물이 오히려 우크라이나 사람들에게 굶주림과 죽음의 화근이 된 것이다.

홀로도모르 기간 우크라이나인 약 700만 명이 굶주림과 질병으로 사망했다고 한다. 이를 '대량 학살'이라 주장하는 역사학자들은 저항하는 우크라이나 주민들을 소련 정부가 의도적으로 굶겨 죽였다고 보는 것이다. 현재 우크라이나 대도시마다 홀로도모르 추모비가 세워져 있고 매년 11월 마지막 주 토요일에는 창가에 촛불을 켜놓고 희생자들을 추모한다고 한다.

러시아가 우크라이나를 침공한 2022년 2월 24일, 항구 도시 헤니체스크에서 한 우크라이나 할머니가 중무장한 러시아 군인을 향해 호통치는 영상이 전 세계로 퍼져 화제가 되었다. "러시아 놈이 왜 여기 있어? 너희는 파시스트 점령군이야! 주머니에 해바라기 씨나 넣어둬라. 네가 이 땅에 쓰러지면 해바라기가 자랄 테니." 이 할머니의 절규는 승패와 상관없는 전쟁의 참혹함 그 자체를 통렬하게 꼬집은 듯하다.

치자는 황금처럼 귀한 식물

노란 색소를 추출할 수 있는 치자 열매

　'치자'라는 이름은 중국으로부터 전해졌다. '치자나무 치(梔)' 자는 치자 열매 모양이 술잔을 뜻하는 치(卮) 자와 비슷해 그 글자 옆에 나무 목(木) 자를 붙인 글자라고 한다. 일본에서는 '입이 없음', '말하지 말라'라는 뜻을 담은 쿠치나시[口無し]라고도 불리는데 입을 오므린 듯한 열매 모양에서 온 이름이라 한다. 함부로 훈수 두지 말라는 의미를 담아 바둑판의 네 발을 치자 열매 모양으로 각지게 조각했다는 설도 있다.

향수 품명 '가드니아'는 치자나무의 속명

　치자꽃은 연유를 떠올리게 하는 고운 흰색으로 피어난다. 그런데 치자 열매에서는 황금빛에 가까운 노란색 색소를 추출할 수 있다. 빛깔이 곱고 인체에 해를 끼치지 않으며 착색력도 강해서 치자 물은 예로부터 식용 색소로 많이 활용되었다. 치자 물은 단무지는 물

론 떡이나 전, 튀김, 음료, 카레 등에 사용되어 음식의 풍미를 높여주고 약 캡슐이나 알약에 색을 넣는 데도 쓰인다. 인체에 직접 닿는 화장품이나 섬유 염색에도 안전하게 사용할 수 있다. 또 치자는 한방 약재로 쓰였고 멍든 곳에 치자 물로 갠 밀가루를 붙이는 민간요법도 널리 전해졌다.

치자꽃은 맑고 진한 향기로도 유명하다. 치자나무는 실제 향수의 원료로 쓰이는데 향수 품명인 '가드니아'는 치자나무의 속명이다. 영국 식물학자 존 엘리스가 친구 알렉산더 가든의 이름을 따서 치자나무 이름을 지은 것이다.

주변에서 흔히 접할 수 있는 '꽃치자'는 변종인데 치자꽃은 홑꽃인데 비해 꽃치자는 백장미를 닮은 겹꽃이다. 관상용으로 주로 재배되는 꽃치자는 숨이 막힐 정도의 강한 향기를 지니고 있다.

조선 전기의 문인 강희안은 자신의 원예서 『양화소록(養花小錄)』에 "치자는 꽃 가운데 가장 귀한 꽃이며, 네 가지 이점이 있다"라며

"꽃 색깔이 희고 기름진 것이 첫째이고, 꽃향기가 맑고 풍부한 것이 둘째다. 겨울에도 잎이 변하지 않는 것이 셋째이고, 열매로 황색 물을 들이는 것이 넷째다"라고 예찬했다.

꽃 키우기를 좋아한 강희안

강희안은 그림을 잘 그렸지만 그 사실을 내세우려 하지 않았다. 게다가 아들들에게 "글씨나 그림은 천한 기술이니 후세에 전하면 도리어 이름만 욕될 뿐이다"라고 경계까지 했다. 글씨 쓰기와 그림 그리기를 뒷전으로 미룬 까닭은 "사대부의 본분을 망각하면 안 되기 때문"이라는 것이다.

강희안이 그림 그리기를 아예 멀리한 것은 아니다. 그는 적으나마 명작 몇 점을 남겼고 경치보다 인물 비중을 더 크게 그린 그의 그림 양식은 당시 조선 화단에 유행이 되기도 했다. 또 "그림은 내게 있어 천지 만물의 이치를 깨닫는 도구다"라고 말했다는 기록도 있다.

강희안은 학자로서도 많은 일을 했다. 〈훈민정음〉과 〈용비어천가〉에 주석 붙이는 작업을 했고 『동국정운』 편찬에도 참여했다. 단종 때 집현전 직제학을 지낸 강희안은 성삼문, 박팽년 등과 가까이 지냈으며 그들이 주도한 단종 복위 운동에 가담했다는 혐의도 받았다.

당시 주모자들을 국문할 때 세조가 강희안의 연루 여부를 묻자 성삼문은 "선왕의 명신들을 다 죽여도 강희안만은 남겨 두고 쓰시오. 진실로 어진 사람이오"라고 말했다고 한다. 그 덕분이었는지 이 사건으로 수많은 학자가 죽임을 당했지만 강희안은 살아남을 수 있었다.

이후 호조참의, 황해도관찰사 등 고위 관직을 지냈으나 그는 입신양명에 큰 뜻을 두지 않은 듯하다. 강희안은 글 읽고 꽃 키우는 일

을 더 좋아하여 근무하는 시간이나 부모님께 안부를 여쭐 때를 제외하면 꽃 키우는 데 전념했다고 한다.

『양화소록』은 우리 역사상 최초의 원예서

강희안은 "근래 여러 꽃 키우는 법을 배워서, 땅과 화분에 각기 심어 좋은 곳 따랐네"라는 자신의 시처럼 실제로도 열심히 꽃을 돌보면서 꽃 키우는 방법을 터득했다. 우리 역사상 최초의 원예서라 할 수 있는 『양화소록』은 이런 경험을 바탕으로 저술되었다.

이 책에는 강희안이 화분에 심어 키운 꽃나무 열여덟 종에 대한 글이 담겨 있다. 그는 재배 요령, 개화를 앞당기는 법, 꽃이 싫어하는 것, 종자나 뿌리를 보관하는 법 등 경험으로 알게 된 꽃나무의 고유한 성질을 이 책에 실었다. 뿐만 아니라 꽃에서 추구해야 할 점, 꽃을 기르는 뜻 등 감성적인 면도 다뤘다.

강희안은 『양화소록』에 다음과 같은 글을 썼다.

"한 포기 풀이나 한 그루의 나무라 할지라도 마땅히 그것들이 지닌 이치를 생각하여 그 근원까지 파고 들어가서 그 앎을 두루 미치지 않음이 없고 그 마음을 꿰뚫어 통하지 않음이 없게 되면 나의 마음이 자연히 만물에 머물지 않고 만물의 밖에 뛰어넘어 있을 것이니 그 뜻이 어찌 옅음이 있으리오."

이렇게 식물과 깊이 교감하고 오감으로 꽃을 즐기는 강희안에게 꽃 모양이 예쁘고 향이 강하며 쓸모까지 많은 치자는 황금처럼 귀한 식물로 여겨졌을 것이다. '가장 귀한 꽃'으로 강희안에게 사랑받은 치자꽃도 그 사랑에 걸맞는 다양한 즐거움과 유익함을 강희안에게 돌려주었음에 분명하다. 누군가에게 귀염받는 것은 자기 하기 나름이라고 하지 않던가.

단풍꽃과 단풍잎 중 어느 것이 더 아름다운가?

빨간 단풍잎은 캐나다의 축복받은 자연과 환경을 상징

우리나라에서 흔히 볼 수 있는 단풍나무의 학명은 '아르케 팔마툼(Acer palmatum)'인데 아르케는 라틴어로 '뾰족한'이고 팔마툼은 '손바닥 모양'이라는 뜻이다. 모양의 특징을 그대로 학명에 담은 것이다. 단풍이라면 주로 가을 산과 들을 빨갛게 물들이는 나뭇잎을 떠올린다. 그런데 단풍나무도 봄에는 붉은 꽃봉오리를 가진 예쁜 꽃을 피운다.

부메랑처럼 생긴 열매는 다 익으면 반으로 쪼개져 벌어지며 씨앗이 헬리콥터 날개처럼 회전하면서 흩어진다. 단순히 땅에 떨어지는 것이 아니라 날아서 퍼지기 때문에 번식이 잘 되는 편이다. 그래서 커다란 단풍나무 근처에서는 그 모양을 꼭 닮은 아기 단풍나무를 쉽게 발견할 수 있다.

메이플은 우리나라 단풍과 다른 외래종

전 세계의 단풍나무속 식물은 120여 종이고 우리나라에만도 열

다섯 종 이상이 자생한다. 그런데 캐나다를 상징하는 단풍은 설탕단풍나무(Acer saccharum)로 열다섯 종에 들지 않는 외래종이다. 설탕단풍은 흔히 메이플이라 불린다. 메이플도 넓은 의미에서 '단풍'이라 칭하지만 이는 우리나라 단풍과는 다른 종이다.

빨간색 단풍은 캐나다의 축복받은 자연과 환경을 나타내는 상징으로 18세기부터 사용되었다. 현재 캐나다 국기 가운데는 흰 바탕에 빨간 단풍잎이 그려져 있다. 이 하얀 부분은 캐나다의 영토를 상징하고 양쪽의 빨간색은 영토에 면한 태평양과 대서양을 뜻한다고 한다. 바다가 붉은색으로 표현된 이유는 제2차 세계대전 때 희생자들이 흘린 피를 잊지 말자는 뜻이라는 설이 있다. 단풍잎 국기는 1964년 캐나다 국회의 승인을 받았고 다음 해 당시 국가 원수이던 엘리자베스 2세의 최종 승인을 거쳐 공식 국기로 지정되었다.

캐나다는 6·25전쟁 참전국 중 하나이다. 당시 캐나다는 우리나라와는 아무런 관계도 없는 나라였다. 그런데 유엔 회원국으로서 세

계 평화를 위한 유엔의 결의에 적극적인 지지를 보냈다. 1950년 6월 30일 캐나다에서 열린 하원 의회에서 유엔 결의에 따른 파병 문제가 논의되었고 의원들은 만장일치로 파병을 결의했다.

육·해·공군을 모두 파병한 6·25전쟁 참전국

캐나다는 미국, 호주, 태국과 더불어 육·해·공군을 모두 파병한 나라이다. 그중 해군과 공군을 먼저 한국으로 보냈는데 1950년 7월 4일 캐나다를 떠난 세 척의 구축함이 30일 우리 해역에 들어왔다. 공군은 공중전 경험이 있는 전투기 조종사 스물두 명을 미 공군에 파견했고 수송기 여섯 대를 보내왔다.

당시 캐나다 정규 육군에는 3개 보병 연대, 2만 명 정도의 병력뿐이어서 한국에 보낼 1개 보병 여단을 새로 만들기로 했다. 한국에 오자마자 곧바로 전투에 투입되어야 했기 때문에 지원자 중에서 전

투 경험을 가진 퇴역 장병들을 우선 선발했다. 1950년 11월 초 3개 대대로 편성된 캐나다 제26여단이 창설되었다. 이 부대의 이름은 '패트리샤 공주 캐나다 경보병연대'라는 뜻을 가진 PPCLI였다. 영국 빅토리아 여왕의 손녀인 패트리샤 공주는 PPCLI부대의 명예 연대장으로 부대에 많은 지원을 했다.

캐나다 파병 부대가 만들어졌을 무렵 한국에서는 인천상륙작전을 성공리에 마치고 압록강까지 진격하여 통일을 눈앞에 두고 있었다. 전쟁은 유엔군의 승리로 쉽게 끝날 것으로 보였다. 그래서 한국에 와 있는 유엔군 장병들은 그해 크리스마스를 고국에서 가족과 함께 보낼 수 있을 것이라 기대하고 있었다. 이에 캐나다는 파병 규모를 줄여 1개 대대만 한국으로 보내기로 했다. 캐나다군은 전쟁을 끝내고 점령군 임무를 수행한다는 가벼운 마음으로 배에 올랐다.

지친 아군에 새로운 활력을 불어넣은 캐나다군

그러나 캐나다 대대가 부산항에 도착한 12월 18일에는 전황이 완전히 달라져 있었다. 전혀 예상하지 않았던 중공군이 대규모로 참전하였고 아군은 혹독한 추위와 굶주림, 절망감에 떨며 후퇴해야 했다. 아군이 지친 상황에서 캐나다군은, 그 무렵 한국에 온 프랑스 대대와 함께 6·25전쟁의 '신선한 피'로 새로운 활력을 아군에게 불어넣어주었다.

부산 유엔기념공원에는 6·25전쟁에서 전사하거나 실종된 캐나다 장병들을 기리는 조형물이 있는데 조형물 중 캐나다 장병과 함께한 어린이들은 단풍잎과 무궁화를 안고 있다. 이 단풍잎과 무궁화 숫자는 캐나다군 실종자를 나타낸다.

단풍나무 꽃은 봄에 피지만 그 꽃을 기억하는 사람은 별로 없다. 대부분 사람은 가을에 빨갛게 물든 단풍잎을 떠올리는 것은 물론 노란색이든 갈색이든 이파리에 물이 든 현상을 모두 '단풍 들었다'라고 표현한다. 단풍은 물이 든 나뭇잎의 대명사인 셈이다.

가을이 되면 나무는 겨울을 지낼 준비를 하기 위해 잎으로 가는 물과 영양분을 차단하고 나뭇잎을 떨구는데, 그 과정에 단풍 현상이 나타난다. 그런데 단풍나무는 꽃 피는 시절보다 낙엽을 준비하는 때가 더 아름답고 강렬한 인상을 남긴다. 단풍나무처럼 젊을 때보다 더 빛나고 사랑받는 노년을 살기 위해서는 어떤 노력을 해야 하는 걸까?

가을을 장식하는 절개의 꽃 국화

중양절은 국화를 감상하며 즐기는 명절

　국화의 가장 큰 특징은 '가을에 피는 꽃'이라는 점이다. 기온이 낮아져 거의 모든 식물이 꽃과 잎을 떨구고 혹독한 겨울나기를 준비하는 시기에 국화는 화려한 꽃을 활짝 피운다. 그런 특성 때문에 동양에서는 시련에 굴하지 않고 절개를 지키는 군자의 상징으로 여겨졌고 매화, 난초, 대나무와 함께 '사군자'에 포함되는 영예도 얻었다.

일본 황실 문장으로 쓰이는 국화

　국화는 음력 9월 9일 중양절(重陽節)을 장식하는 꽃으로도 유명하다. 9는 음양 가운데 양(陽)을 나타내는 홀수 중 가장 큰 수이다. 동양에서는 그 9가 겹친 날을 중양절이라 이름 지어 명절로 지냈다. 장이머우[張藝謀] 감독의 작품 〈황후화〉는 중양절 즈음을 배경으로 한 중국 영화인데, 장면 중에는 황금빛 의상과 더불어 카펫을 펼친 듯 연회장을 온통 노랗게 뒤덮은 국화꽃들이 인상적이다.

우리 민족에게도 중양절에 국화를 감상하며 국화꽃잎으로 차를 끓이거나 술을 담그고 화전을 부쳐 먹으며 즐기는 오랜 풍습이 있다. 국화술을 따로 만들어 마실 형편이 안 되는 가난한 사람들은 막걸리에 노란 국화를 띄워 마셨다고 한다. 1429년 9월 9일 『세종실록』에는 "중양절이므로 막걸리를 원로대신에게 내리고 잔치를 했다"라는 기록도 있다.

국화는 일찌감치 일본으로 전해져 많은 사랑을 받으며 여러 품종으로 개량되었다. 13세기 초 가마쿠라 시대에 고토바 천황은 국화 문양을 황실의 상징으로 삼았고 이후 지금까지도 국화는 관습에 의해서 일본 황실의 문장(紋章)으로 사용되고 있다.

많은 사람이 벚꽃을 일본의 국화로 알고 있지만 일본에는 공식 국화가 없다. 해마다 봄이 되면 활짝 핀 벚꽃이 사람들을 들뜨게 하고 이는 상업적으로 큰 역할을 한다. 하지만 여권 표지나 국회의원 배지, 외교 공관, 신사의 휘장 등 나름 권위가 필요한 부분에는 국화

문양이 쓰인다.

미국의 인류학자 루스 베네딕트(Ruth Benedict)가 쓴 『국화와 칼』이라는 책은 일본의 특성을 연구한 내용으로 유명하다. 1944년, 태평양전쟁에서 일본의 패색이 짙어지고 있을 때 미국 정부는, 주적인 일본제국에 대해 너무 무지했으며 전쟁이 끝나더라도 일본을 비롯한 동양에 대한 심층적 이해가 필요하다고 자각하게 되었다.

일본의 특성을 연구한 책 『국화와 칼』

일본은 미국이 만났던 적 중 가장 이질적인 모습의 적이었다. 가미카제라 불리는 자살 특공대, 할복 자살을 통한 집단 옥쇄, "천황 폐하 만세!"를 외치며 무작정 돌격하는 일명 '반자이 어택' 등의 행동을 미국인들은 이해할 수 없었다. 미국 정부는 적으로서의 일본을 탐색하고 향후 일본의 반응을 예측하기 위해 루스 베네딕트에게 연구를 맡겼다.

특이한 것은, 베네딕트는 일본에 한 번도 가보지 못한 상태에서 이 책을 썼다는 점이다. 당시는 전쟁 중이었기에 일본에 갈 수도 없었다. 그래서 영화, 책, 미국에 거주하는 일본인들, 미국 내 일본 관련 학자 등에 의존하여 일본과 일본인을 연구할 수밖에 없었다. 베네딕트는 연구 결과 '일본인의 행동 패턴'이라는 보고서를 내놓았는데, 이 내용을 대중이 이해하기 쉽게 다시 정리하여 1946년 책으로 출판하였다.

국화는 평화를 상징하고 칼은 전쟁과 폭력을 상징하는데 일본인은 두 가지 측면을 다 가지고 있다는 뜻에서 『국화와 칼』이라는 제목을 지은 것으로 알려져 있다. 또 국화는 예술성, 예절, 충효 등 일본인이 가진 아름다운 면을, 칼은 '무(武)'를 중심으로 한 야심과 야욕을 상징한다고도 한다. 그런데 '국화'는 일본식 정원으로 나타나는 '질서'를 의미하고 '칼'은 항상 반짝이게 갈고 닦여 있는 일본인의 내면을 상징한다는 주장도 있다. '국화와 칼'이 대립되는 개념이 아니라는 것이다.

아무튼 루스 베네딕트는 메이지 유신과 패전 후의 일본인 등 분야를 다양하고도 세세하게 나눠 심층적으로 연구하였고, 전통적인 일본 관습이나 사회 체계, 일본인들의 행동, 사고방식, 생활 예절, 풍습 등을 이 책에서 다뤘다. 또 '분수에 맞는 자리 찾기', '과거와 사회에 대한 빚', '명예에 대한 의리', '인정', '자기 수련', '자녀 교육' 등도 내용에 포함되어 있다.

오페라 <나비부인>의 원작은 소설 『국화 부인』

프랑스 작가이며 해군 장교였던 피에르 로티는 1887년 『국화 부인』이라는 소설을 발표하였다. 이 소설은 1885년 자신이 일본에 체류할 때 일본 소녀와 계약 결혼했던 경험을 바탕으로 구성된 자전 소설이다. 이 소설과 『나비 부인 : 일본의 비극』이라는 미국 작가 존 루터 롱의 소설을 바탕으로 이탈리아 작곡가 자코모 푸치니는 오페라 <나비부인>을 만들어 1904년 무대에 올렸다.

소설 『국화 부인』의 주인공 이름은 국화를 뜻하는 '키쿠[菊]'이다. 물론 허구의 세계에 등장하는 일본 여성 이름일 뿐이지만 서양인이 그 많은 꽃 중 국화꽃을 선택한 것은 단순한 우연으로 보이지 않는다. 피에르 로티도 일본을 떠올릴 때 국화가 가장 먼저 연상되었던 것이 아닐까?

꽃과 역사, 이야기꽃을 피우다

초판 1쇄 발행일   2026년 3월 16일

글 | 황인희
사진 | 윤상구
펴낸이 | 김현중
관리 | 위영희

펴낸 곳 | ㈜양문
주소 | 01405 서울 도봉구 노해로 341, 902호(창동 신원베르텔)
전화 | 02-742-2563
팩스 | 02-742-2566
이메일 | ymbook@nate.com
출판 등록 | 1996년 8월 7일(제1-1975호)

ISBN 979-11-995705-3-5   03900